괴물과 함께 살기

괴물과 함께 살기

아리스토텔레스에서 루만까지 한 권으로 읽는 사회철학

정성훈 지음

미지북스

지난 6년간 때로는 호기심과 희열의 눈빛으로,
때로는 의아함과 짜증의 눈빛으로
강의실을 채워준 청춘들에게 이 책을 바친다.

차례

괴물과 함께 살기

괴물은 무엇인가?

2006년에 개봉되어 한국 영화 역대 흥행 순위 1위를 기록한 봉준호 감독의 영화 《괴물》의 첫 장면은 주한미군이 영안실에서 포름알데히드라는 독극물을 한강에 방류하는 것이다. 2000년에 일어난 실제 사건에 기초한 이 장면에서 영안실에 근무하던 한국인은 그에게 독극물을 하수구에 버리라고 명령하는 미국인 상관에게 잠시 항의하지만 결국 복종하고 만다. 두 번째 장면은 비오는 한강에서 낚시를 하던 두 사람 중 한 사람이 괴상하게 생긴 조그만 물고기에게 물리는 장면이다. 이 괴물고기를 자신의 컵에 담았다가 놓친 사람은 자신을 깨물고 달아난 물고기는 잊어버리고 딸이 선물한 컵을 잃어버리지 않았다는 사실에 안도한다. 세 번째 장면은 폭우가 내리는 날 한강 다리에서 한 사람이 자살을 시도하고 직장 동료로 보이는 두 사람이 이를 만류하러 오는 장면이다. 이 장면은 많은 가장들이 자살했던 1990년대 후반 IMF 경제위기 시절을 떠올리게 한다. 다리 아래 강물 속의 괴물체를 본 자살 시도자는 "커다랗고 시커먼 것"을 보았다는 자신의 말을 듣고 비아냥거리는 동료들에게 "끝까지 둔해 빠진 새끼들. 잘 살아들"이라는 말을 남기고 난간에서 뛰어내린다.

"괴물"과 "The Host"라는 영화 제목이 나오기 전, 감독이 괴물의 탄생 과정을 암시하는 장면은 이렇게 세 장면이다. 이 장면들 중에서 다른 무엇보다 '미군'이 괴물을 탄생시킨 가장 강한 요인으로 부각되기는 하지만, 주의 깊게 보면 'IMF', '가족', '무관심', '(보고도) 보지 못함' 혹은 '다르게 봄', '잘 사는 것' 등도 괴물 탄생의 배경 요인들로 볼 수 있다.[1]

이 영화가 워낙 선풍적인 인기를 끌었고 정치적으로 보이는 메시지도 많이 담고 있었기 때문에 2006년 당시의 여러 정치 세력과 이데올로그들은 '괴물은 ○○이다'라는 정의定義를 제 각각 내리면서 영화의 인기에 편승했다. 특히 당시의 큰 이슈가 한미자유무역협정이었기 때문에 "괴물은 한미FTA이다", "괴물은 미국이다", "괴물은 신자유주의이다" 등이 크게 유행했다. 그밖에도 자본주의, 세계화 등 비슷한 종류의 정의들이 있었고, 공권력, 특권층 등도 거론되었다. 괴물에 대한 이러한 다양한 정의가 갖는 공통점은 괴물을 '우리'와 뚜렷이 구별되는 '적대적 객체'로 설정했다는 것이다. 그리고 이러한 정의들은 영화 속에서 괴물을 죽이듯 누군가 그런 적대적 객체를 없앨 수 있다는 판단과 없애야 한다는 의지를 함축하고 있다.

  그런데 만약 괴물이 이렇게 제거될 수 있다면, 괴물을 죽이거 나 몰아낼 수 있는 주체는 과연 누구일까? 영화 《괴물》의 포스터에 "가족의 사투가 시작된다. 한강, 가족, 그리고… 괴물"이라고 적혀 있듯이, 이 영화에서 괴물과 싸워 괴물을 죽이는 주체는 '가족'이다. 그런데 괴물을 미국, 자본주의, 특권층 등과 같은 '적敵'으로 정의한 사람들은 강두(송강호 분)의 가족이 적과 맞서 싸울 수 있는 주체라 고 생각하지 않았다. 오히려 그들은 한 가족이 주체라는 점을 이 영 화의 가장 큰 약점 혹은 문제점으로 지적했다. 민중 항쟁으로도 이 기기 어려운 적을 어찌 한 가족이 이길 수 있겠는가?* 특히 페미니 스트들은 이 영화가 전통적인 가족 이데올로기에 사로잡혀 있다고 강하게 비판하기도 했다.

  사실 이 영화에서 가장 비현실적으로 보이는 설정은 바로 괴물 에 맞선 싸움이 한 가족만의 싸움이라는 점이다. 한강에 괴물이 나 타났는데, 국가는 물론이고 강두의 가족 외에는 그 누구도 괴물을 잡으려고 하지 않을 뿐 아니라 괴물 자체에 대해서 별 관심을 갖지 않는다.[2] 대부분의 사람들은 괴물이 퍼뜨렸다는 바이러스에만 관심 을 가질 뿐이다. 반정부 시위를 하는 청년들조차 한강 오염을 이유 로 소독약 사용에 반대하고 강두의 석방을 주장할 뿐 누구도 괴물을

---

*2014년 세월호 침몰 사고 당시 선원들과 해경이 승객을 구조하지 않았고 사고 이후 정부 가 실종자 구조에 무능한 모습을 보인데다가 진상 조사를 게을리 하면서 영화 《괴물》이 다 시 주목받았다. 피해자 '가족'들이 구조 방법을 제안하고 진상 조사를 위해 애쓰는 모습이 영화의 양상과 비슷했기 때문이다. 이 부분에 대해서는 10장에서 짐승, 사람, 괴물의 차이 를 다루면서 다시 언급할 것이다.

잡겠다고 나서지 않는다.

괴물은 무엇이며 괴물을 제거할 주체는 누구인가에 관한 논쟁에는 정답이 있을 수 없다. 봉준호 감독은 전자의 질문에 대해 현명하게도 어떠한 답변도 하지 않았으며, 후자의 질문에 대해 영화 자체를 통해서는 일단 가족, 정확히 말해 매우 불안정한 가족이며 피해 당사자인 강두의 가족이라고 묘사하고 있다. 그런데 영화는 그것이 상영된 이후에는 그 의미가 제작자의 의도에 의해 규정될 수 없다. 다시 말해 '커뮤니케이션'된 이후에는 그 커뮤니케이션의 발신자에 의해서만 규정될 수 없고, 수신자가 이해한 바에 따라, 또 수신자가 다수라면 다수가 이해한 정보들 간의 커뮤니케이션을 통해 규정될 수밖에 없다.*

괴물은 우리 바깥의 객체가 아니며 제거될 수 없다

필자는 이 논쟁에 아주 뒤늦게 뛰어들면서 지금까지의 논자들에게 다음의 두 가지 질문을 던지고자 한다.

---

*니클라스 루만은 커뮤니케이션을 정보, 통지, 이해의 3단계로 이루어지는 단위로 보며, 그것이 후속 커뮤니케이션으로 이어져야만 커뮤니케이션의 자기 생산(Autopoiesis)이 가능하다고 본다. 여기서 정보와 통지는 타아(Alter)에 의해, 이해는 자아(Ego)에 의해 이루어진다. 즉 커뮤니케이션은 타아의 통지 기호로부터 정보를 구별한 자아, 즉 이해한 자아가 다음 커뮤니케이션에서 타아가 되어 새로운 정보를 선택하여 통지할 때 성립된다. 이에 관해서는 루만을 다룰 9장에서 설명할 것이다.

첫째, 괴물은 과연 우리 바깥의 객체인가?

둘째, 강두 가족에 의해 죽은 괴물은 과연 **완전히 제거된 것인**가?

첫 번째 질문의 근거는 앞서 언급했던 영화 초반부의 세 장면에 암시되어 있다. 괴물의 탄생 과정에는 '나쁜' 미국인뿐 아니라 그의 명령에 복종한 한국인, 자기 딸 선물 걱정만 한 아버지, 그리고 '둔해빠진 우리'가 있다. 영화의 진행 과정에서도 바이러스를 조작하는 미국 정부와 과학자들만이 아니라 비겁하고 무관심한 수많은 '우리'가 출현하고 있다. 물론 이런 '우리' 중에 누구 한둘을 찍어 괴물을 만들어낸 주범이라고 간주하기는 어렵다. 정확히 누가 괴물을 만들었고 누가 괴물을 키웠는지 단정할 수 없기 때문이다. 그래서 괴물의 탄생과 관련된 사람은 누구든 자신의 책임을 **회피할 수 있다.** 심지어 포름알데히드를 쏟도록 지시한 미군이나 바이러스에 관해 허위 정보를 퍼뜨린 미국 과학자들도 말이다. 그들은 적어도 괴물의 탄생을 '의도'하지 않았고, 괴물의 성장을 '비호'하지 않았다. 영화에서도 이들이 처벌받는 장면은 나오지 않는다.

두 번째 질문의 근거는 영화의 맨 마지막 장면이다. 강두는 괴물이 죽은 후에도 계속 한강 변 매점에 앉아 엽총을 들고 두려움 속에서 바깥을 응시하고 있다. 매점 안 TV를 통해 나오는 뉴스에서 미국 정부는 바이러스가 없으며 잘못된 정보였다고 발표할 뿐이다. 괴물을 죽인 자가 영웅이 되기는커녕 여전히 한강 변의 간이매점에서, 죽은 딸을 대신하는 새로운 아들과 함께 그대로 살고 있다. 허위 정

보를 유포한 자들의 책임을 묻는 장면은 전혀 나오지 않은 채 영화
는 끝난다. 세상은 괴물이 살아있을 때처럼 그대로 돌아가고 있다.
이것이 이 영화의 마지막 장면이 던져주는 메시지이다.

이 두 가지 질문을 던지면서 필자는 괴물이 '나'를 비롯한 수많
은 '우리'의 관여로 탄생하고 유지되어 왔으며—이 관여에는 강두의
가족도 예외가 될 수 없을 것이다—그런 '우리'가 있는 한 제거될
수 없는 것이라는 생각에 이르렀다. 괴물은 우리 바깥의 객체가 아
니며, 제거될 수 있는 적대적 객체는 더더욱 아닌 것이다. 따라서 괴
물을 제거할 수 있는 주체도 있을 수 없다.

내가 이런 견해를 더욱 강화하게 된 것은 봉준호 감독이 영화의
영어 제목으로 '더 몬스터the Monster'가 아닌 '더 호스트the Host'를 택
했다는 점에 주목했기 때문이다. 영어 호스트host는 '주인' 또는 '기
생 생물의 숙주'라는 뜻을 갖고 있다. 이것은 괴물이 우리 바깥의 적
이 아니라 우리가 빌붙어 사는 주인이자 우리와 공생하는 주인, 즉
그것이 우리와 서로 양분을 주고받으며 우리는 그것이 없으면 살 수
없는 관계에 있는 주인이라는 것을 뜻한다.

**리바이어던 : 우리의 계약으로 성립해 초인간적 힘으로 우리를 복종시키는
괴물**

이런 생각에 이르렀을 때 필자는 '리바이어던Leviathan'을 떠올리게 되
었다. 17세기 중반 영국의 철학자 토머스 홉스는 시민 국가의 주권

자를 전설속의 괴물인 리바이어던이라고 불렀고, 같은 이름을 제목으로 한 책의 초판 표지에 이 괴물을 그렸다. 오른손에는 시민 권력을 뜻하는 칼, 왼손에는 종교 권력을 뜻하는 지팡이를 들고 있으며, 머리에 왕관을 쓰고 있는 이 괴물은 군주의 모습, 즉 인간의 모습을 하고 있다. 그런데 이 인간의 몸을 자세히 보면, 그 몸은 수백 수천 명의 사람들의 모습으로 이루어진 모자이크와도 같다. 그러니 괴물이다.

홉스의 시대에 영국에서 국가 혹은 공화국은 '코먼웰스Common-wealth', 즉 '공동의 부'라고 불리었다. 홉스는 코먼웰스 혹은 리바이어던을 "인공 동물artificial animal" 혹은 "인조인간"으로 규정한다. 뒤에서 자세히 보겠지만 홉스는 개인들이 이 괴물 혹은 인조인간에게 계약을 통해 자연권을 양도해야 한다고 주장한다. 그것은 수많은 인간들이 모여야 성립한다는 면에서는 인간이지만 더 이상 자연적 인간은 아닌 인조인간, 자연권을 가진 수많은 자연적 인간들로부터 권리를 양도받아 주권을 행사하는 초인간적 인간이라는 점에서 괴물이었다. 이것이 홉스의 리바이어던이다.

영화 《괴물》의 주인the Host은 비록 인간의 모습을 하고 있지는 않지만 여러 가지 면에서 리바이어던과 비슷하다. 수많은 인간들의 관여에 의해 성립되고 성장하지만 그 인간들 중 누구도 그것의 주인이라고 할 수 없는 괴물, 일단 성장한 후에는 그것을 만들어낸 인간들의 통제를 벗어나 폭력을 행사하는 괴물, 이 괴물로 인해 많은 사람들이 고통을 받지만 그들 대부분은 이를 숙명으로 받아들이거나 무관심하기 때문에 계속 성장하는 괴물, 몇몇 피해자 혹은 선각자만

이 이 괴물을 죽이려고 투쟁하지만 일단 죽인 후에도 과연 정말로 죽었는지 의문스러운 괴물. 이 괴물은 리바이어던으로 묘사되었던 근대 국가 또는 근대 사회와 어딘가 비슷하지 않은가?

홉스의 『리바이어던』은 근대 정치철학의 시작을 알리는 저작이었고, 존 로크를 비롯한 당대의 수많은 자유주의 정치철학자들로부터 비판을 받았다. 하지만 개인들의 계약 또는 동의로 성립한 근대 국가가 개인을 초월해 괴물처럼 군림하는 현상은 시민혁명 이후 수많은 나라들에서 반복적으로 일어난 일이며, 그때마다 『리바이어던』은 재조명을 받았다. 절대주의, 파시즘, 공산주의 등이 자유주의를 기초로 한 근대 정치의 예외적 이탈이 아니라 다른 모습으로 나타난 것일 뿐이라고 주장하는 일부 학자들은 『리바이어던』이 시민 국가의 비밀을 매우 솔직하게 폭로한 저작이라고 평가하기도 한다.

현대 사회라는 괴물 덕분에 자유롭고, 괴물 때문에 괴로운 우리

그러나 필자는 홉스의 통찰을 그대로 따라 '괴물은 곧 근대 시민 국가'라고 주장하지는 않는다. 필자는 국가가 사회의 정치적 표현 양태일 뿐이라고 보는 입장, 따라서 정치철학을 사회철학의 일부로 간주하며 사회학을 정치학, 경제학, 법학 등을 포괄하는 포괄적인 학문이라고 보는 입장에 서 있다. 홉스 이후에 발전한 정치경제학의 성과, 특히 19세기 중후반 마르크스의 정치경제학 비판을 통해 우리는 괴물이 정치적 모습을 띨 뿐 아니라 '자유시장'이라는 가면을 쓰고 경제적 모습으로도 나타난다는 점을 알게 되었다. 정치적 괴물이 '주권' 혹은 '국가'라고 불린다면, 경제적 괴물은 '시장경제' 혹은 '자본'이라고 불린다. 쉽게 말하자면, 수많은 국민의 지지로 성립한 이명박 정부나 박근혜 정부만이 아니라 수많은 소비자의 선택으로 성장한 삼성과 현대도 괴물이다. 또한 20세기에 활발하게 이루어진 대중문화 비판, 과학기술 비판, 종교적 근본주의 비판은 괴물이 문화와 예술의 모습, 과학과 공학의 모습, 종교의 모습 등 다양한 모습으로 나타날 수 있다는 것을 보여주었다. SM과 JYP, 황우석, 스티브 잡스와 애플, 순복음교회도 작은 괴물들인 것이다.

결론부터 말하자면, 필자는 괴물은 바로 '사회社會'라고 생각한다. 더 정확히 말하자면 신분적 차별과 절대 권력이 무너진 이후 모든 개인이 나름대로 자기가 사회의 주인이라고 생각하는 '현대 사회modern society'가 괴물이라고 생각한다. 민주화 혹은 근대화 이전의 사회에서 사회는 앞서 말한 의미의 괴물로 등장하지 않았다. 1장에서 살펴볼 아리스토텔레스가 폴리스를 자연의 산물로 간주한 데서 알 수 있듯이, 전통 사회에서 국가 혹은 사회는 지배계급에게 자연스러운 것으로 인식되었다. 반면, 피지배계급과 주변부의 사람들에게는 자신들 외부의 괴물로 여겨지거나 아예 그런 것이 있는지조차도 모르고 살아갈 수 있는 먼 객체였다. 오늘날 우리가 생각하는 사회, 즉 모든 개인들이 주인도 아니고 객체도 아닌 채로 연루되어 있는 사회, 더 이상 국가라는 정치적 모습만 띄지는 않는 사회는 18세기와 19세기를 거치면서 성립했다.

현대 사회라는 괴물은 우리 바깥의 객체가 아니기 때문에 한편으로는 우리 개인들을 억압한다. 괴물 때문에 우리는 아무데서나 옷을 벗을 수 없고 아무데서나 담배를 피울 수 없으며 아무 물건이나 사고팔 수 없다. 심지어 명령이나 금지를 어길 경우에는 끌려가 구금되기도 한다. 하지만 다른 한편으로 괴물은 우리 개인들의 생활을 가능하게 하는 조건이며 때로는 우리를 매우 자유롭게 만들기도 한다. 전세계적 커뮤니케이션이 가능한 현대 사회 덕분에 우리는 먼 나라로 여행을 갈 수 있고 거기서도 기본적인 안전을 보장받는다. 괴물의 이러한 모순된 성격 때문에 근대 초기의 자유주의 정치철학자들은 괴물을 잘 다스리면 모든 개인들이 자유롭게 살 수 있다는 낙관을 갖기도 했다. 그러나 이러한 낙관이 재산을 가진 자들의 기만임이 폭로되고 괴물에 적응한 인간을 만들기 위한 체제가 인간의 자연 본성을 억누른다는 것이 간파되면서, 점차 괴물의 억압성이 부각되었다. 18세기의 공화주의자인 장 자크 루소와 19세기의 수많은 사회주의자들이 그렇게 괴물의 억압성을 폭로했다. 이러한 괴물 비판을 경제 영역으로 확장하여 괴물을 완전히 제거할 수 있는 급진적 방책을 제시한 것이 칼 마르크스였고, 그의 사상을 따라 사회혁명으로 국가를 소멸시키려는 거대한 실험이 20세기 초에 이루어졌다. 하지만 그 결과로 더 강력한 정치적 괴물이 등장했다는 것은 역사를 통해 우리가 잘 알고 있는 바이다.

지금도 수많은 사람들이 괴물로 인해 괴로워하고 괴물을 죽이기 위해 또는 바꾸기 위해 노력한다. 하지만 공산주의라는 거대 기획이 실패한 이후 괴물을 이해하는 방식과 괴물 죽이기 또는 바꾸기 방법은 제각각으로 달라졌다. 게다가 괴물을 죽이려는 그들조차도 괴물 덕분에 살고 있고 때로는 괴물 덕분에 자유롭고 행복하다.

이 책의 목표와 구성

이 책의 목표는 괴물과 함께 살아온 지난 2~3백 년 동안, 주요한 서양 철학자들과 사회학자들이 어떻게 괴물과 씨름해왔는지를 살펴보는 것이다. 즉 사회철학과 사회학의 역사를 통해 괴물 다루기의 역사를 돌아보는 것이다. 당연하게도 이러한 탐구의 목표는 우리 시대의 괴물을 다루기 위한 지혜를 얻기 위함이다.

이 책의 시작은 괴물이 태어나기 전, 그것도 2천여 년 전으로 거슬러 올라간다. 정치와 사회라는 말의 기원이 된 '코이노니아 폴리티게koinōnia politike' 또는 '폴리스'를 가장 자연스러운 것으로 인식했던 고대 그리스부터 살펴봄으로써, 홉스가 자연스럽지 않은 괴물을 발견한 것이 어떤 의의를 갖는지를 정확히 짚어보기 위해서이다. 또한 고대의 사회관을 탐색하는 일은 근대 이후의 '괴물 다루기 역사'에서 왜 그토록 끊임없이 '괴물의 자연화' 노선이 추진되었는지를 서양의 옛 정신세계를 통해 살펴보는 효과도 갖는다.

이 책의 1장에서 5장까지는 아리스토텔레스로부터 시작해 19세기 말과 20세기 초의 사회학자들까지 살펴볼 것이다. 2장에서 괴물이 탄생하고 3~5장에서 괴물은 여러 얼굴들로 분화된다. 각 장에서 다루는 사상가들은 대체로 역사적 순서에 따라 배치되어 있지만, 자유주의를 소개하는 3장과 공화주의와 사회주의를 포괄적으로 소개하는 4장에는 각각 2~3백 년에 걸친 논의가 한데 모여 있다. 그래서 두 번 이상 등장하는 인물들도 있다.

이 책의 6장에서 9장까지는 20세기 후반의 사회 이론을 다룬다. 여기에서 우리는 괴물의 다양한 얼굴들이 뚜렷이 드러나는 것을 보고, 괴물과 인간 사이에서 일어난 수많은 문제들을 논의할 것이다. 그런 다음, 철학자들과 사회학자들이 괴물에 어떻게 대처하고자 했는지를 크게 네 가지 태도로 구별해 소개한다. 그 첫 번째 태도가 고대의 폴리스 전성기를 참조하여 정치경제학적인 사회에 맞서 공적인 것으로서의 인간 공동세계를 회복하자고 주장하는 것으로 한나 아렌트가 대표적인 학자이다. 마이클 샌델 역시 고대적 전통 및 미국 혁명의 전통을 복원하고자 하는 면에서 아렌트와 맥을 같이 한다. 그리고 아렌트로부터 공론장의 문제의식을 이어받으면서도 현대적 조건을 고려하여 체계와 생활세계의 2단계 사회 이론을 발전시킨 위르겐 하버마스가 두 번째 태도의 대표자이다. 세 번째 태도는 현대 사회가 우리에게 부과한 한계를 분석하고 자기 배려를 위해 가능한 위반을 모색하라고 충고한 미셸 푸코로부터 읽어낼 수 있다. 마지막 네 번째 태도는 현대 사회를 기능적으로 분화된 세계사회로 간주하고 인간을 그 사회의 환경에 위치시킨 니클라스 루만으로부터 읽어내고자 한다. 이렇게 네 가지 태도를 통해 사회철학의 괴물 다루기를 살펴볼 것이다.

이 책을 마무리하는 장인 10장은 루만과 푸코의 관점을 선호하면서도 필자 나름의 인간 분석을 가미하여 괴물과 함께 살기 위한 태도를 모색한다. 이를 위해 현대 사회 속에서 살아가는 인간이 가질 수 있는 세 가지 경향인 짐승, 사람, 괴물monster의 차이를 살펴볼 것이다. 여기서 괴물은 큰 괴물the Host과는 다른 의미를 갖는다.

1장

괴물이 태어나기 전

아리스토텔레스, 키케로, 토마스 아퀴나스

폴리스는 자연의 산물이며,

인간은 자연 본성상 폴리스적 동물임이 분명하다.

– 아리스토텔레스, 『정치학』[3]

폴리스의 등장과 서양 정치철학의 출발

우리는 오늘날 '사회society'라는 말을 '정치politics'나 '국가state/nation'와 구별해 사용한다. 하지만 고대 그리스에서 정치와 구별되는 인간 집 단을 지칭하는 단어는 거의 쓰이지 않았다. 영어 소사이어티society의 어원이 되는 라틴어 단어 소키에타스societas도 주로 소키에타스 키 빌리스societas civilis로 쓰였지 그 단어만으로는 그리 널리 쓰이지 않았 다. 한나 아렌트는 사회적인 것이 로마에서 탄생했다고 말하지만, 필자는 중세까지도 사회적인 것이 정치적인 것과 구별되는 독자성 을 획득하지 못했*고 생각한다.[4] 정치적 괴물로 한정되지 않는 포 괄적인 괴물, 루만에 따르면 "모든 사회적 체계들을 포괄하는 체계" 인 사회는 자본주의적 경제의 탄생 이후에야, 즉 경제가 정치로부터의 자율성을 획득한 이후에야 본격화되기 시작했다.

이 장에서는 괴물로서의 사회가 태어나기 전의 정치철학을 다룰 것이다. 인간 집단이 규모가 커지고 복잡해지면서 철학자들은 이 집단의 성격을 어떻게 규정할지에 관해 논의하기 시작했다. 동서양을 막론하고 가정, 부족 등 혈연을 기초로 한 작은 인간 집단을 넘어서 거대한 인간 집단이 출현하면, 이것을 어떻게 규정하고 다스려야 하는가에 관한 철학적 고민이 시작된다. 우리가 서양 철학의 원조로 간주하는 플라톤과 아리스토텔레스, 동양 철학의 원조로 간주하는 공자, 순자, 맹자는 모두 이런 배경에서 나온 인물들이다.

특히 고대 그리스에서는, 그 규모는 아시아보다 작지만 여러 가지 정체政體를 가진 복잡하고 다양한 인간 집단이 생겨났다. 그것이 '폴리스polis'이다. 폴리스는 같은 시기의 거대한 아시아 제국들에 비해 규모가 작았기 때문에 종종 '도시국가'로 번역되곤 한다. 하지만 1인 절대자 지배의 제국들과 달리, 폴리스들은 참주정치, 과두정치, 민주정치 등 다양한 정치 형태를 갖고 있었다. 아리스토텔레스가 폴리스도 과거에는 야만인들과 마찬가지로 왕의 지배를 받았다고 말하는 것을 볼 때, 그리고 근대의 여러 서양 사상가들이 아시아 사회를 고대 이전의 사회로 묘사하는 것을 볼 때, 서양에서는 아시아 제국에서의 왕의 지배가 가정과 부족 단위에서의 가부장적 지배와 다를 바 없는 것으로 이해한 것 같다.** 폴리스의 여러 정체들은 그

---

*아래에서 보게 될 토마스 아퀴나스의 표현에서 '정치적 동물'과 '사회적 동물'이라는 두 가지 표현이 동의어로 쓰이는 데서 드러난다.

정도는 각각 달랐지만 세습 가부장 지배와 달리 다수의 참여와 논의로 운영된 복잡한 정치 형태였다는 점에서 분명 독특한 성격을 갖고 있었다. 이로 인해 민주제를 비롯한 그리스 정치의 여러 요소들이 근대에 재조명을 받게 된다.

서양 정치철학의 가장 오래된 고전은 흔히 '국가'라는 이름으로 번역되어온 플라톤의 『국가^{Politeia}』이다. 이 책은 폴리스가 몰락하던 시대에 이상적인 정체에 관해 논하는 대화편이며, 사유재산도 가족도 없는 가장 지혜로운 자가 다스리는 공산주의적 이상 사회에 관한 구상을 담고 있다. 그래서 당대의 폴리스의 현실을 반영하고 있다고 보기에는 무리가 있다.

플라톤의 이상주의적 기획을 비판하면서 좀 더 현실적으로 폴리스를 정당화하고 당대 그리스에 있었던 여러 정체들의 장점을 고루 취한 혼합정체의 구상을 제시한 것이 아리스토텔레스의 『정치학^{Politica}』이다. 20세기 최고의 아리스토텔레스 연구자인 W. D. 로스는 아리스토텔레스에 대해 "그리스의 정치 생활을 있는 그대로 통찰한 점에서 그에 필적할 사람은 없다. 그러나 그의 상상력은 정도가 상대적으로 약했다"고 평가한다.[5]

** 아시아의 국가들이 과연 그런 성격만 가졌는지, 그리고 제국이 폴리스에 비해 발달 수준이 낮은 정치 형태인지 등에 관해서는 논란이 많지만 이 책에서 다룰 주제는 아니다. 가라타니 고진은 그리스가 오리엔트 제국의 주변부에 위치해 있었다고 진단한다. 그리고 로마제국 붕괴 이후 세계 제국의 주변부였던 유럽과 중국의 주변부였던 일본에서 자본주의가 급속히 발전한 것은 오히려 그들이 중심이 아니었기 때문이라고 평가한다. 가라타니 고진, 『세계공화국으로』, 72~76쪽을 보라.

코이노니아 폴리티케의 역설과 목적론적 자연관

'폴리스에 관한 탐구'라는 뜻의 '폴리티카' 즉, 『정치학Politica』의 첫 부분에서 아리스토텔레스는 폴리스를 '코이노니아 폴리티케koinōnia politike'라고 부른다. 코이노니아는 '모임', '집단', '결사체', '공동체' 등으로 번역할 수 있는 말이고, 폴리티케는 '폴리스의' 혹은 '폴리스적'을 뜻한다. 따라서 코이노니아 폴리티케는 인간 모임 중에서 폴리스라는 모임을 뜻하는 말이다. 그는 폴리스를 "모든 코이노니아 중에서도 으뜸가며 다른 코이노니아를 모두 포괄하는 코이노니아야말로 분명 으뜸가는 좋음을 가장 훌륭하게 추구할 것"이라고 말한다.[6] 폴리스가 '으뜸가는 코이노니아' 혹은 '완전한 코이노니아'인 이유는 "완전한 자족autarkeia이라는 최고 단계"에 도달해 있기 때문이다.[7] 아리스토텔레스는 이 단계에서야 "그저 사는 것zēn"이 아니라 "잘 사는 것eu zēn", 즉 '좋은 삶'이 가능해진다고 말한다. 그리고 가정oikos과 마을kōmē도 코이노니아이긴 하지만 필요의 충족, 즉 먹고 사는 문제만 해결할 수 있는 단계에 머무는 코이노니아로 간주한다.

이어지는 구절에서 아리스토텔레스는 다른 코이노니아와 마찬가지로 폴리스가 "자연의 산물"임을 강조하며, "자연 본성상 가정과 개인에 우선"한다고 말한다. 여기서 그 유명한 말인 "인간은 자연 본성상 폴리스적 동물zoon politikon"이라는 말이 나온다.[8] 이 말은 '사회적 동물animal sociale'이라는 라틴어로 번역되어 널리 쓰이게 된다.

『정치학』의 도입부 중 이 저작이 이후에 미친 영향과 관련해 주목해야 할 지점을 다음 세 가지로 꼽아볼 수 있겠다.

첫째, 코이노니아 폴리티케(폴리스)가 코이노니아의 일부이면서 코이노니아를 모두 포괄한다는 역설paradox이다. 아리스토텔레스는 가정, 마을 등도 코이노니아라고 말하므로 폴리스는 코이노니아들 중 한 가지 종류일 뿐이다. 그런데 이 한 가지 종류가 다른 모든 종류의 코이노니아들을 포괄한다는 것은 모순으로 보인다. 더구나 그는 폴리스에서 살지 않는 야만인들barbaros에 대해서도 언급하고 있으므로, 폴리스는 "다른 코이노니아를 모두 포괄"하는 것이 아니라 오히려 야만인들이 형성한 수많은 코이노니아들을 배제하는 것으로 보인다. 아리스토텔레스가 이 역설을 은폐하는 방법은 '목적론teleology'이다. 목적론에 관해서는 그의 자연 개념과 함께 살펴볼 필요가 있다. 이는 뒤에서 다시 설명하겠다.

코이노니아 폴리티케의 역설과 관련해 하나 더 지적해둘 것은 폴리스가 코이노니아를 모두 포괄하는 으뜸가는 코이노니아로 규정됨으로써, 『정치학』에서 코이노니아라는 단어는 어떤 독자적인 의의도 갖지 못한다는 점이다. 앞서 말했듯이 '결합체', '집단', '공동체', '모임' 등으로 번역될 수 있는 코이노니아koinōnia는 그 뒤에 붙는 폴리티케politike에 눌려 부각되지 않는다. 그래서 예컨대 한나 아렌트는 '폴리스적 동물'이 라틴어에서 '사회적 동물'로 번역된 것에만 주목할 뿐, 코이노니아가 키케로에 의해 라틴어 소키에타스societas, 즉 나중에 폴리스보다 더 넓은 의미를 갖는 사회를 뜻하게 될 단어로 번역되었다는 것에는 별로 주의를 기울이지 않는다. 반면에 니클라스 루만은 코이노니아가 '사회적 체계들soziale Systeme'에 해당한다고 보았다. 루만은 사회적 체계들 중 가장 포괄적인 사회적 체계는 '정치'가 아닌 '사회'라고 말한다.⁹ 이에 관해서는 6장과 9장에서 다시 다루게 될 것이다.

둘째, 아리스토텔레스는 다른 코이노니아들과 마찬가지로 폴리스도 자연스럽다는 것을 강조하며, 자연^{physis}에 대한 목적론적 이해 방식을 근거로 삼아 폴리스를 자연의 완성태로 묘사한다. 그는 폴리스가 '그저 사는 것'이 아닌 '잘 사는 것'을 위해 존속하는 것이라 말하면서, 그저 살아가기 위한 코이노니아만 자연스러운 것이 아니라 잘 살기 위한 코이노니아도 자연스럽다는 주장을 편다. 이 주장은 오늘날 우리가 보기에는 다소 납득하기 어렵다. 우리의 상식에 비추어보면, 그냥 먹고 사는 것에만 신경 쓰는 삶은 자연스러워 보이지만 정치 공동체에서의 잘 사는 삶은 상당히 인위적으로 보이기 때문이다. 이러한 차이는 오늘날 우리가 자연^{nature}을 날 것, 인공적이지 않은 것, 문명과 대립되는 것 등으로 생각하는 데 반해, 아리스토텔레스의 자연^{physis}은 훌륭한 삶의 완성을 지향하는 목적론적 성격을 갖는다는 사실에서 비롯된다. 그는 "사람이든 말이든 집이든 각 사물이 충분히 발전했을 때의 상태"를 "그 사물의 자연 본성"이라고 말한다.¹⁰ 그래서 가장 발전한 코이노니아인 폴리스는 덜 발전된 다른 코이오니아들의 목적^{telos}이 되는 것이다.

W. D. 로스는 목적론을 다음과 같이 설명한다.

세계에 있는 모든 것의 의미와 자연 본성은 그것이 존재하는 목적에서 찾아야 한다. 도구의 경우 그것은 사용자가 욕구하는 목적이고, 외부로부터 재료에 부과된 도구의 형태는 이 목적과 일치한다. 살아

있는 생물이나 공동체의 경우에는 목적이 사물 자체에 내재한다. 식물의 목적은 성장과 생식의 삶이고, 동물의 목적은 식물의 삶에 감각과 욕구가 부가된 삶이고, 인간과 인간 공동체의 목적은 두 가지 것에 이성과 도덕적인 행위가 부가된 삶이다. 사물들에 대한 설명은 그것이 발전해 나온 곳이 아니라 그것이 발전해 들어가는 곳에서 찾아볼 수 있다. 그것들의 자연 본성은 그것들의 근원이 아니라 그것들의 목적지이다.[11]

아리스토텔레스는 이러한 목적론적 관점에 따라 코이노니아의 자연은 코이노니아의 목적이며 그것은 곧 폴리스라고 보았다. 오늘날 우리는 이런 관점을 여러 가지로 반박할 수 있다. 우선, 필연성이 큰 생물학적 발달의 논리와 우연성이 큰 사회적 발달의 논리를 동일한 관점으로 설명해서는 안 된다고 반박할 수 있다. 또 폴리스가 최종 목적인지 아니면 그 뒤에 또 다른 사회 형태가 나타날지 어찌 미리 아느냐고 되물을 수도 있다. 어쨌든 아리스토텔레스는 목적론적 자연관에 따라 폴리스를 결코 인위적인 것으로 생각하지 않았고 오히려 자연의 완성이라고 보았다. 따라서 폴리스는 결코 괴물이 아니다.

셋째, 인간은 그 자연 본성상 폴리스적 동물로 규정되며, 또한 "이성을 가진 동물zōon logon ekhon"로도 규정된다. 여기에도 역설이 숨어 있다. 인간이 폴리스적 동물이자 이성을 가진 동물이라는 말을 목적론적으로 이해해보면, 완성된 자연으로서의 인간은 폴리스에서 살아야 하며, 폴리스에서 정치적 토론을 하며 살기 위해서는 단순히 목소리를 내며 말하는 것 이상의 능력인 로고스*를 갖추어야 한다는 이야기로 볼 수 있다. 그리스어 로고스^{logos}는 '말하다'는 뜻의 레게인^{legein}이라는 동사로부터 파생되었는데, 이 단어는 단순한 소리를 내는 것이 아니라 분절적인 인간 언어로 말하는 것에만 해당되는 말이다.

바로 이 지점에서 아리스토텔레스가 은폐하고 있는 역설이 폭로된다. 폴리스의 구성원이 아닌 인간, 로고스가 없거나 약한 인간은 인간인가 아닌가? 당시 그리스 사회에서는 인구의 10퍼센트 정도로 추정되는 남성 시민만이 폴리스의 정치에 참여하였고, 여성, 어린이, 노예, 외국인은 정치에서 배제되었다. 이들은 인간인가 아닌가? 여기서도 역설을 은폐하는 것은 목적론적 사고방식이다. 목적론적 사고방식에 따르면, 인간의 자연은 인간의 텔로스이므로 로고스를 가진 뛰어난 남성 시민은 목적에 도달한 완성된 인간으로 규정될 수 있다. 그에 반해 노예와 여성은 목적에 도달하지 못한 인간으로 간주하면 그만이다. 그래서 아리스토텔레스는 노예 제도를 자연스러운 것으로 간주한다. 『정치학』 1권의 상당 부분은 가정의 요소인 주인과 노예, 남편과 아내, 아버지와 자식 간의 위계적 관계를 정당화하는 데 할애되어 있다.

---

*그리스어 로고스(logos)의 현대 영어 번역은 리즌(reason)이지만 영어 로직(logic)도 로고스에서 파생된 단어이다. 우리말 번역도 주로 '이성(理性)'이지만, '말씀', '논리', '이치' 등으로도 번역 가능하다.

폴리스는 괴물이 아니었을 것이다

그리스어 폴리스는 라틴어 키비타스civitas로 번역되었다. 키비타스로부터 말의 기나긴 변천과 파생 과정을 거쳐 나온 단어가 문명civilization이다. 오늘날 우리에게 익숙한 구별법인 자연과 문명을 대립시키는 구별법을 떠올려보면, 폴리스가 자연스럽다는 주장은 참으로 낯설게 들린다. 그래서 오늘날의 자연 개념과 당시의 자연 개념이 상당히 달랐다는 점, 그리고 자연/문명 혹은 자연/문화라는 구별법이 근대에 와서야 생겨났다는 점이 충분히 고려되어야 한다. 오늘날 우리는 야만인이 문명인보다 자연스럽다고 여기지만, 아리스토텔레스는 야만 상태보다 폴리스에서 사는 것이 더 자연스럽다고 여겼다.

폴리스가 자연스럽고 폴리스에서의 삶이 인간의 자연 본성이라는 아리스토텔레스의 주장은 아마도 많은 폴리스 구성원들로부터 공감을 얻었을 것이다. 가정oikos의 일들, 즉 경제economy*와 가사 노동을 노예와 여성이 대신해주는 남성 시민들은 뭔가 더 좋은 삶을 추구하고 싶었을 것이다. 필요에 쫓기며 인간으로서 완성되지 않은 것 같은 가정의 삶을 넘어서 자신을 더 완성된 인간으로 만들어주는 것이 이성적 토론의 장인 폴리스라고 생각했을 수 있다. 이런 상황

---

*영어의 이코노미(economy)의 어원이 되는 그리스어 단어가 오이코스(oikos)이다. 그래서 중세까지 이코노미는 귀족 가문의 재산 관리를 뜻하는 말이었다. 근대 초기에 국가 차원의 경제 문제가 등장하자 정치경제(political economy) 혹은 국민경제(national economy)라는 신조어가 생겼다. 그래서 오늘날의 '경제학'은 근대 초기의 기준으로 보면 '정치경제학'이다.

은 중세까지 큰 변화가 없었을 것이므로 아리스토텔레스의 말은 계속 진리로 통용되었다. 그런데 시민이 아닌 자들에게 폴리스는 어떻게 다가왔을까? 그들의 생각과 감정은 문헌으로 남아있지 않기 때문에 우리는 추측해볼 수밖에 없다. 아마도 상당수의 사람들은 폴리스가 있는지조차 몰랐을 것이다. 자기 주인이나 남편이 폴리스에 참여하는 사람들의 경우에도 자신은 아예 접근조차 할 수 없는 대단한 집단 혹은 낯선 집단이라고 느꼈을 것이다. 비시민에게 폴리스는 존재하지 않거나, 존재한다 해도 낯선 객체였을 것이다. 따라서 시민에게건 비시민에게건 이 책에서 말하는 의미의 괴물은 없었다. 개인들에게 자유와 억압을 동시에 주는 것이자, 개인들이 주인도 아니고 객체도 아닌 채로 연루되어 있는 그 무언가는 없었던 것이다.

인간은 정치적이고 사회적인 동물

알렉산드로스의 제국과 함께 그리스의 폴리스들이 몰락한 후, 새롭게 발전한 도시국가(키비타스, civitas)는 로마였다. 로마는 키비타스를 기초로 하여 제국으로 발전해 갔는데, 그 초기 성장기에 로마인들은 자신들의 키비타스를 '레스 푸블리카res publica'라고 불렀다. 이 말은 '공화국republic'의 어원이 되는 말이다. 레스 푸블리카를 글자 그대로 풀이하자면 '공적인 것the public' 또는 '인민의 것' 정도로 번역할 수 있겠다.

이 '공적인 것', 즉 공화국의 성격을 규정하고 로마법의 기틀을 잡은 사람이 바로 철학자 키케로다. 아이러니하게도 그가 활동하던 때는 초기 로마의 공화정이 몰락하던 시점이었다. 키케로는 플라톤과 아리스토텔레스의 영향을 강하게 받았다. 그는 코이노니아 폴리티케koinōnia politike를 라틴어로 '소키에타스 키빌리스societas civilis'라고 번역하였다. 소키에타스는 '모임', '결사체' 등으로 번역할 수 있는 말이며 키빌리스는 '시민의'라는 수식어이다. 이 말이 영어 '시빌 소사이어티(civil society, 시민사회)'로 이어진다. 당시에 이 번역은 직역에 가까웠을지도 모른다. 하지만 작은 도시국가에 머물지 않았던 로마, 가정과 마을 이외에도 수많은 사적 단체들이 생겨난 로마에서 소키에타스societas는 키빌리스civilis와 쉽게 떨어져서 사용되었다. 로마법상 소키에타스는 시민 당사자들 간의 계약을 뜻한다. 그래서 공적인 것이 아니면서도 가정이나 마을을 넘어선 더 큰 범주의 사적 단체들이 소키에타스라 불리게 되었다. 게다가 라틴어에서는 소키에타스societas, 유니베르시타스universitas, 코뮤니타스communitas, 이 세 단어가 비슷한 의미로 쓰이는 동시에 어느 정도 차별화된 의미를 가졌다. 소키에타스는 시민들에 의한 사교 결사체의 의미를, 유니베르시타스는 특정 목적을 실현하기 위한 보편적 통일체의 의미를*, 코뮤니타스는 자생적인 지역 공동체의 의미를 갖는다. 그래서 다른 단어와 달리 소키에타스는 아래로부터 형성되는 시민들의 사교, 결사, 자발적 연대 등의 뉘앙스가 들어있다. 오늘날 영어권에서 사교 단

---

*유니베르시타스에 해당하는 대표적인 단체가 교회와 대학이었다. 이들은 사상과 행동의 통일을 강력히 추구하는 단체들이다. 오늘날 대학을 뜻하는 영어 단어 유니버시티(university)는 중세에 수도기관의 성격을 가졌던 유니베르시타스(universitas)로부터 유래했다.

체, 결사체, 학회 등의 명칭에 가끔 소사이어티^{society}가 쓰이는 것은 라틴어 소키에타스의 흔적이라고 볼 수 있다.＊

  그리고 그리스어 폴리스^{polis}의 파생어들이 집합체 중심의 의미, 즉 시민 개개인보다는 도시국가에 방점이 찍힌 반면에, 라틴어 키비타스^{civitas}의 파생어들은 점차 집합체보다는 시민 개개인들을 강조하는 경향을 갖게 된다. 그리하여 근대에 이르면, 소키에타스 키빌리스의 번역어인 시빌 소사이어티$^{civil\ society}$가 더 이상 국가를 뜻하지 않게 되는 상황에까지 이르게 된다. 오늘날 우리가 즐겨 쓰는 '시민 사회'라는 말은 키케로가 국가를 지칭하기 위해 썼던 말인 소키에타스 키빌리스와는 어감상 상당한 거리를 갖고 있다.

  "인간은 자연 본성상 폴리스적 동물"이라는 아리스토텔레스의 명제도 라틴어로 번역되면서 그 의미가 변형되었다. 중세를 대표하는 철학자 토마스 아퀴나스는 '폴리스적 동물'을 "사회적이고 정치적인 동물$^{animal\ sociale\ et\ politicum}$"로 번역한다.[12] 아퀴나스는 아리스토텔레스와 마찬가지로 이것을 인간의 자연 본성으로 규정하며, 아리스토텔레스와 유사한 논거들을 이용하여 인간의 이성과 언어를 강조한다. 그런데 아퀴나스는 '사회적 동물'이라는 표현을 훨씬 더 자주 사용할 뿐 아니라,[13] 아리스토텔레스와 달리 "다중으로 이루어진 사회"를 언급한 이후에야 "다중을 다스리는 어떤 것이 인간들 사

＊메이지 유신 이후 일본에서 영어 소사이어티(society)가 社會라는 한자 조합 단어로 번역된 것도 이와 연관이 있을 것이다. 사회(社會)는 결속된 모임을 뜻하며, 한자로만 보면 회사(會社)와 구별되기 어려운 단어이다. 사회(社會)라는 번역어가 정착되기 이전에 일본에서 소사이어티는 교제, 인간 교제, 정부, 세속, 동료, 회사, 회, 결사 등으로 다양하게 번역되었다. 야나부 아키라 지음, 김옥희 옮김, 『번역어의 성립』, 19~32쪽을 보라.

이에서 존재해야 한다"고 말한다.[14] 즉 아리스토텔레스에게는 폴리스라는 한 단어로 표현되던 것이 아퀴나스에게는 사회와 그것의 정체(다스림)로 구별되고 있다. 물론 아퀴나스 자신은 분명 다중 사회에서 다스림의 필연성을 강조하고 있지만, 사회와 정치의 구별 가능성을 열어놓음으로써 인간이 정치적 동물이기에 앞서 사회적 동물이라는 생각을 은연중에 드러낸다. 근대로의 이행 과정에서 아리스토텔레스가 한 유명한 말의 번역은 '정치적 동물'이 아닌 '사회적 동물'로 굳어졌고, 정치적 삶 또는 좋은 삶 없이도 사회적 삶이 가능하다는 생각이 생겨났다. 정치적 삶이 사회적 삶의 일부라는 발상이 가능해진 것이다.

이렇게 라틴어로의 번역과 중세의 진행 과정에서 아리스토텔레스의 정치학과 주요 용어는 조금씩 그 의미가 변해갔다. 하지만 자연에 대한 목적론적 사고방식은 기독교 세계관을 통해 더욱 강화되었다. '지상의 나라'와 '신의 나라'가 구별되어 후자가 텔로스로 설정되었고, 지상의 나라의 '세속법'은 신의 나라로부터 온 '자연법'의 규제를 받는 것으로 여겨졌다.* 그리고 지배하는 자와 지배를 받는 자의 구별은 하느님의 뜻으로 더욱 강하게 정당화되었다.

그러나 근대로 접어들면서 자연에 대한 이러한 목적론적이고 신학적인 이해 방식에 맞서 유물론적인 자연관이 등장했고, 그에 따라 인간의 자연에 대한 이해 방식도 완전히 바뀐다.

---

*중세 초기의 철학자 아우구스티누스가 쓴 『신국론』에서 이러한 구별이 도입된다.

2장

괴물의 탄생

토머스 홉스

자연을 인간의 기예(art)로 모방하면,

여기에서 보는 바와 같이 하나의 인공 동물을 만들어 낼 수도 있다.

– 토머스 홉스, 「리바이어던 1」[15]

목적론적 자연관과 통일적인 우주론의 붕괴

기독교의 영향으로 강화된 목적론적 사유는 우주 만물에 하나의 질
서를 부여하는 통일적인 우주론 또는 세계관이다. 이 세계관에 따르
면, 신에 의해 창조되고 섭리에 따라 움직이는 우주 속에서 "인간은
이성적으로 태어났으며 또한 사회적 동물이다."[16] 귀족을 대상으로
하던 중세의 교육 이론은 이성적이고 사회적이지 않은 인간을 설명
하고 교육의 필요를 강조하기 위해 '완성/타락perfection/corruption'이라
는 이분법을 이용했다. 인간은 자신의 자연 본성을 타락시키지 않고
완성시키기 위해 매진해야 한다는 것이다. 이런 우주론은 르네상스
의 인본주의, 인쇄술의 혁명, 천문학의 패러다임 전환, 신대륙 발견,
종교개혁 등이 이루어진 15~16세기를 거치면서 점차 깨지기 시작

했다.

그 결과, 17세기에 들어와 우리가 '근대 사상' 혹은 '계몽주의 enlightenment'라 부르는 철학이 등장한다. 흔히 근대 사상은 영국의 경험주의와 대륙의 이성주의로 구분하기도 하는데, 이 시기 경험주의자들 중 목적론적 우주관에 반하는 가장 급진적인 유물론적 자연관을 도입한 사람이 바로 토머스 홉스다.* 그는 사회를 물리학의 세계와 비슷한 것으로 보았고, 인간 사회에 대한 이해도 물질 세계에 관한 이해 방식을 따라야 한다고 생각했다. 홉스는 자연 상태natural state에서 이루어지는 개인들의 계약으로 사회 상태가 성립한다고 주장한 파격적인 정치사상의 선구자이기도 하다. 다소 기계론적인 mechanistic 자연관을 갖고 있었으며 세습 전제군주제를 옹호했기 때문에 홉스는 그의 영향을 받은 다른 경험주의자들이나 계약론자들보다 더 많은 비난을 받아왔다. 하지만 그는 '괴물의 탄생'을 서술했다는 점에서 분명 현대 사상의 선구자라 할 수 있다.

인간의 자연 상태는 전쟁 상태

『리바이어던』의 1권 제1부는 '인간에 대하여'이고, 제2부는 '코먼웰스commonwealth에 대하여'이다. 이 목차에서 엿볼 수 있듯이 홉스는

---

*경험주의(empiricism)는 '경험론', 이성주의(rationalism)는 '합리론', 물질주의(materialism)는 '유물론'으로 번역하기도 한다.

인간에 대한 올바른 이해를 바탕으로 코먼웰스를 설명하고자 했다. 제1부인 인간 연구의 출발점은 '감각sense'이며, 그것에 이어 상상, 언어 능력, 추론, 과학적 지식, 정념 등 여러 가지 인간의 생각들이 차례로 설명된다. 이러한 서술의 순서는 우리가 고차원적이라고 생각하는 관념도 그 기원이 감각 경험이라는 것을 뜻하며, 이것이 베이컨, 홉스, 로크, 버클리, 흄 등으로 이어지는 영국 경험주의의 고유한 특징이다. 예를 들어 경험주의자들은 현실에 없는 허구적 객체인 켄타우로스半人半馬에 대한 상상은 인간에 대한 감각 경험과 말에 대한 감각 경험을 복합한 것일 뿐이라고 본다. 그에 반해 대륙의 이성주의 철학은 인간의 관념에는 감각 경험으로부터 그 기원을 찾을 수 없는 '본유 관념innate idea', 즉 타고난 관념이 있다고 본다. 그리고 이 본유 관념 덕택에 수학적 지식과 같은 이성 능력이 가능하다고 본다.

홉스는 언어와 수數를 이용하는 추론reason이 경험만으로 얻어지는 것은 아니라고 보았지만 그러한 능력을 타고나는 것은 더더욱 아니라고 보았다. 그는 적절한 이름을 부여하고, 정연한 방법으로 이름들을 삼단논법으로 잘 결합하는 '노력'을 기울이면, 본유 관념 없이도 추론 능력이 가능하다고 말한다. 그리고 이 노력이 완성된 것이 '과학적 지식'이다. 따라서 인간의 지혜란 많은 경험을 통한 '사려prudence'와 많은 노력을 통한 '이성reason'과 '과학적 지식'으로 이루어진다. 홉스는 누구나 이러한 지혜에 도달할 수 있다고 주장했다.

이렇듯 홉스는 유물론적 시각에서 인간을 묘사하면서, 아리스토텔레스의 교본을 따르는 철학 학파들을 여러 차례 비판하고 있다.[17] 예를 들어 홉스는 유한한 것만 경험할 수 있는 우리가 신을 상상하는 것은 불가능하다고 말한다.[18]

홉스가 인간의 자연 상태를 설명하기 위해 핵심적으로 탐구하는 개념은 '정념passion'*이다. 그가 '자발적 운동voluntary motion'이라고도 부르는 정념은 두 가지 동물적 운동 중의 하나이다. 즉 "생명의 지탱을 위한 운동"과 구별되는 "움직이는 생명체로서의 운동"이다.[19] 홉스는 욕구, 욕망, 혐오, 사랑, 미움, 기쁨, 불쾌, 고통, 슬픔, 희망, 절망, 공포, 분노, 탐욕 등 수많은 정념들의 신체 운동적 기원과 그것들 간의 차이를 서술하고 있다. 그는 인간이 자연 상태에서 벗어날 가능성이 일부는 정념에서 일부는 이성에서 생겨난다고 말하지만, 먼저 언급하고 더 강조하는 것은 정념이다. 정념은 인간 사고의 출발점인 감각과 더 밀접하게 연결되어 있기 때문이다.

『리바이어던』 제1부의 13장인 '인간의 자연 상태, 그 복됨과 비참함에 대하여'는 인간의 자연을 이성적 동물이자 정치적 혹은 사회적 동물로 규정했던 아리스토텔레스의 오랜 전통과 완전히 단절하는 중요한 부분이다. 이미 16세기 초에 마키아벨리가 현실주의적인 인간관을 기초로 정치론을 쓴 적이 있지만, 새로운 철학 체계에 기

---

*영어 패션(passion)은 흔히 '열정' 혹은 '정열'로 번역하는데, 이 말은 어감상 다소 적극적이고 능동적인 뉘앙스를 갖는다. 하지만 라틴어 파시오(passio)는 오늘날 영어 단어 패시브(passive)에 그 흔적이 남아 있듯이 인간 의식의 관점에서 다소 수동적인 것, 즉 몸의 자발적 운동에 따라 일어나는 마음의 변화를 뜻한다. 그래서 라틴어 파시오는 '수난'을 뜻하기도 했다. 그러다가 17세기 말 프랑스에서부터 열정적 사랑을 정당화하는 데 이 단어가 쓰이면서 점차 능동적인 느낌이 강해졌다. 따라서 17세기 영국 경험주의자들이 썼던 단어 패션(passion)은 여전히 몸의 자발적 운동을 뜻하는 것으로 보아야 하므로 '정념'으로 번역하는 것이 적절하다. 파시오(passio)의 의미 변천에 관해서는 니클라스 루만, 『열정으로서의 사랑』, 96~98쪽을 보라.

초해 인간학과 정치학을 정립한 것은 홉스다. 그는 인간의 자연 본성을 별로 이성적이지 않은 것으로, 심지어 매우 반사회적인 것으로 그리고 있다.

홉스는 자연이 인간을 육체적 능력과 정신적 능력 모두에서 평등하게 창조했다는 말로 자연 상태에 대한 서술을 시작한다. 체력이 강한 자와 약한 자의 차이는 있지만, 아무리 강한 자도 약한 자들이 공모하면 충분히 죽일 수 있을 정도로 인간의 육체적 능력은 평등한 편이라고 홉스는 말한다. 그리고 정신적 능력은 체력보다 오히려 더 평등하다고 말한다.[20] 이는 앞서 서술한 경험주의적 인간관으로부터 나오는 귀결이다.

홉스 이후의 계약론자들도 자연 상태에서의 인간 평등을 강조했지만, 이러한 평등 상태가 어떤 결과를 낳는가에 대해서는 다르게 생각했다. 인간의 정념을 강조하는 홉스는 "능력의 평등에서 희망의 평등"이 생기고, 경쟁이 일어나 불신이 조장되며, 이 상황에서는 자기 보존을 위해 폭력이나 계략을 쓰게 되며, 다른 사람들과의 관계에서 친구가 될 수 없고 자신에 대한 과소평가를 참을 수 없어서 공명심이 커진다고 말한다.[21] "만인에 대한 만인의 전쟁"의 원인은 경쟁competition, 불신diffidence, 공명심glory이며, 이 세 가지는 인간의 자연 본성으로부터 나온다.[22] 그래서 홉스에게 인간의 자연 상태는 곧 '전쟁 상태'이다. 이러한 전쟁 상태에서는 올바름正과 사악함邪의 구별이나 정의와 불의의 구별이 있을 수 없다. 공통의 권력이 없는 곳에는 법도 없고, 법이 없는 곳에는 불의도 없기 때문이다.[23]

자유를 위한 금지: 자연법과 사회 상태로의 이행

홉스는 이렇듯 가혹한 '전쟁 상태'로부터 빠져나올 가능성이 있다고 보았으며, 그러한 가능성은 인간의 정념과 이성으로부터 생긴다고 말한다. 평화로 향하게 하는 정념으로는 "죽음에 대한 공포", "각종 생필품에 대한 욕망", "생필품을 자신의 노력으로 획득할 수 있다는 희망" 등이 있다.[24] 그리고 이성은 인간들이 서로 합의할 수 있는 평화의 규약article들을 시사한다.

홉스는 이성을 통해 마련된 규약들이 자연법natural law을 이룬다고 말하며, 이를 자연권right of nature과 구별한다. 이 구별은 자연법의 역사에서 매우 중요한 지점이다. 자연법/자연권 구별은 존재론적 혹은 우주론적 자연법 사상과 대별되는 근대의 이성적 자연법의 역사를 열어젖히는 구별이다. 홉스에게 권리란 "어떤 일을 하거나, 혹은 하지 않을 자유"로 규정되며, 자연권은 자연 상태에서 자신의 생명을 보존하기 위해 자기 뜻대로 힘을 사용할 수 있는 자유를 뜻한다. 반면에 법은 "어떤 일을 하도록 지시하거나 혹은 하지 못하도록 금지하는 것"이다.[25] 즉 권리가 각자 타고난 '자유'를 뜻하는 반면, 법은 타자와의 관계에서 부과되는 '강제'와 '금지'를 뜻한다. 따라서 자연법은 인간의 이성이 찾아낸 계율이며 사회 상태에서만 가능한 것이다. 그 이름은 전통적 어법에 따라 여전히 '자연'법이지만 그다지 자연스럽지 않은 법인 셈이다.

홉스는 전쟁 상태로부터 빠져나오기 위한 기본 자연법의 원칙을 "평화를 추구하라"와 "모든 수단을 동원하여 자신을 방어하라"

로 규정한다.[26] 후자는 자연권을 함축하고 있다. 홉스는 이러한 기본 자연법으로부터 제2의 자연법이 도출된다고 말하면서 권리의 포기를 주장한다. 모든 수단을 동원해도 자신을 방어하기 어렵다면 강력한 주권자에게 권리를 양도함으로써 자기를 보존할 수 있다는 것이다. 이렇게 권리를 상호 양도하는 것이 '계약contract'이다. 하지만 권리의 포기는 자신의 이익을 목적으로 하는 것이기 때문에 폭력적 공격으로부터 생명을 빼앗으려는 자들에 대하여 저항할 권리는 양도할 수 없으며, 생명 보존의 수단들을 확보하기 위한 권리도 양도할 수 없다. 즉 '생명권'이라 불릴 수 있는 권리는 계약을 통해 넘겨줄 수 없는 것이다. 이를 기초로 뒷날 로크는 신체 외부의 재산estate까지 포함하는 '소유property'에 대한 권리를 정식화한다.

인간이 인간을 재료로 만든 괴물

인간에 대한 이러한 연구의 결과를 홉스는 제2부 '코먼웰스에 대하여'의 첫 머리에서 다음과 같이 요약한다.

> 천성적으로 자유를 사랑하고 타인을 지배하기를 좋아하는 인간이 코먼웰스 속에서의 구속을 스스로 부과하는 궁극적 원인과 목적과 의도는 자기 보존과 그로 인한 만족된 삶에 대한 통찰에 있다. 다시 말하면, 비참한 전쟁 상태로부터 벗어나고 싶기 때문이다.[27]

이 인용문에는 아리스토텔레스 전통의 인간관과 구별되는 근대적 인간관의 특징이 집약되어 있다. '자유', '경쟁', '자기애self-love', '자기 보존의 추구', '합리적 선택' 등이 그것이다. 물론 홉스는 '이성'에 관해 말할 뿐 '합리적 선택'이란 표현을 쓰지는 않았다. 하지만 전쟁 상태로부터 벗어나기 위해 이성의 도움으로 코먼웰스 속의 구속을 선택하는 것은 훗날 자유주의자들이 널리 쓰게 될 '합리적 선택'이라는 용어에 적합한 것이다. '자기 고유의 것' 혹은 '마땅한 것'이 분명히 있고 누구나 이것을 지키고자 애쓴다는 관념은 로크로 이어져 '소유property'의 권리로 정식화된다. 20세기의 정치학자 C. B. 맥퍼슨은 홉스와 로크의 정치 이론으로부터 시작되어 오늘날까지도 이어지고 있는 이러한 자유주의적 인간관의 특징을 "소유적 개인주의possessive individualism"라고 부른 바 있다.[28] 그런데 자기애와 경쟁심이 "타인을 지배하기를 좋아"하는 정도에까지 이른다고 홉스처럼 노골적으로 말한 사람은 그리 많지 않다.

아리스토텔레스 철학과 기독교가 결합된 전통적 사유에서는 국가를 신이 창조한 자연의 완성으로 보았다. 반면, 홉스는 『리바이어던』의 서설에서 하느님의 기예art인 자연과 이 자연을 인간의 기예로 모방한 인공적인 것을 뚜렷이 구별했다. 여기서 드러난 자연과 인공적인 것의 대립은 18세기를 거치면서 자연/문명 혹은 자연/문화라는 근대적 이분법으로 정착되었다. 이 구별법을 통해 근대인들은 자연을 어떤 목적도 미리 함축하고 있지 않은 '날 것', 인간의 의지와 과학 기술을 통해 정복할 수 있고 개발할 수 있는 것으로 간주하게 된다.

홉스는 인간의 기예가 "자연의 가장 합리적이고 가장 탁월한 작품인 '인간'을 모방"하기에 이르러 코먼웰스, 국가, 키비타스 등으로 불리는 리바이어던이 창조되었다고 말한다.[29] 그래서 리바이어던은 '인공 인간'이며, "자연인을 보호하고 방어할 목적으로 만들어졌기 때문에 자연인보다 몸집이 더 크고 힘이 더 세다."[30] 괴물은 인간을 닮은 초인超人인 것이다. 홉스는 이 인공 인간의 재료가 '인간'이며 제조자도 '인간'이라고 말한다. 인간이 인간을 재료로 만들었는데 괴물이 되는 것이다. 게다가 인간은 이 괴물에 복종해야 한다. 도입부에서 이야기했듯이 이 문제가 현대 사회철학의 가장 기본적인 문제이다. 학문적 용어로 말하자면, '인간과 사회의 관계' 혹은 '개인과 사회의 관계'이다.[31] 이 관계가 결코 매끄러운 관계가 아니라는 것은 사회화socialization 과정을 거치는 모든 개인들이 처절하게 체험한다. 여러분이 처음 초등학교에 들어갔을 때, 그리고 상급학교로 진학할 때마다 겪었던 고통을 떠올려보라. 따라서 이 문제는 현대 사회에서 살아가는 모든 인간에게 매우 현실적인 문제이기도 하다.

홉스는 코먼웰스의 설립 과정을 다음과 같이 쓰고 있다.

'코먼웰스'는 '다수'의 인간이, 상호 평화롭게 지내고 다른 사람들로부터 보호를 받을 목적으로, '만인 상호 간에' 합의하여, 다수결에 의해 어느 '한 사람' 또는 '하나의 합의체'에 모든 사람들의 인격을 '대표하는' '대표자'로서의 '권리'를 부여하고, 그 사람 또는 합의체에 '찬성투표'한 자나 '반대투표'한 자 모두 똑같이 그의 행위와 판단

을 자기 자신의 판단으로 승인하기로 '신의 계약'을 체결한 때 설립된다.[32]

국가의 설립에 관한 이러한 계약론적 설명은 로크, 루소 등 이후의 계약론자들의 설명과 비슷하다. 그런데 홉스는 후대의 계약론자들보다 주권자의 권리를 훨씬 강하게 설정한다. 주권자의 권리에 관한 홉스의 서술을 보면 권력 분립이나 권력 견제에 대해서는 거의 고민하고 있지 않다. 홉스에 따르면, 주권자는 입법권과 사법권을 모두 가지며 최고의 종교적 권위도 갖는다.* 그리고 반대투표한 자도 자기를 보존해주는 주권자를 위해 무조건 복종해야 하며, 주권의 계승은 현재의 주권자가 결정한다. 그래서 홉스는 세습 군주제를 옹호했다.

『리바이어던』의 표지 그림에서 군주가 한 손에는 칼, 다른 한 손에는 지팡이를 들고 있는 것은 시민 권력과 종교 권력의 통일을 뜻한다. 홉스는 심지어 하느님을 유대인의 시민적 주권자로 간주했다. 이 과감한 주장은 시민 권력이 교황청을 중심으로 한 교회 권력의 간섭을 받던 당시 유럽의 상황에 대한 도전으로 해석될 수 있다. 그리고 이러한 교회 권력으로부터 독립했기 때문에 오늘날의 근대적 국민국가가 탄생할 수 있었다. 그밖에도 홉스는 당시의 교회와는 매우 다른 여러 가지 신학적 해석을 했다. 그래서 그 자신은 항상 신

---

*잘 알려져 있다시피, 주권자로부터 입법부를 분리하는 권력 분립과 견제의 발상은 로크가 처음 제기하였으며, 행정부, 입법부, 사법부의 3권 분립론은 18세기 중반 프랑스의 몽테스키외가 제시했다.

을 믿는다고 말했지만 홉스는 당대에 무신론자로 악명을 날렸다.[33]

홉스와 로크, 그리고 루소는 모두 계약론의 대표적인 인물들로 거론되지만, 그들의 정치철학은 서로 많이 달랐다. 로크가 자유주의 정치철학의 대표자라면, 루소는 공화주의 정치철학의 대표자이다. 홉스도 자유주의의 선구자 중 한 명으로 거론되곤 한다. 앞서 보았듯이 그의 출발점은 인간의 '자유'이기 때문이다. 하지만 그의 결론은 주권자에 대한 시민의 '복종'이기 때문에 홉스를 자유주의자의 전형으로 보기는 어렵다. 그들 간의 세부적인 차이를 모두 열거하는 것은 너무 방대한 내용이기에 이 책에서는 다루지 않는다. 다만, 3장과 4장에서는 인간의 자연 상태에 대한 다른 이해 방식과 당대의 사회 상태에 대한 다른 판단이 어떻게 자유주의의 길과 공화주의의 길(또는 사회주의의 길)을 갈라놓게 되었는지를 살펴볼 것이다. 즉 괴물을 다루는 서로 다른 길들을 살펴볼 것이다.

3장

인간의 자유를 지켜주는 괴물과
그 자유가 만들어낸 괴물

존 로크, 애덤 스미스

그들의 생명, 자유, 재산, 내가 소유^{property}라는

일반적 명칭으로 부르는 것의 상호 보존을 위해서 사회를 결성할 것을

추구하거나 기꺼이 사회에 가입하려고 하는 것은 오히려 당연한 일이다.

– 존 로크, 『통치론』[34]

내가 원하는 것을 나에게 주시오.

그러면 당신이 원하는 것을 가지게 될 것이오.

– 애덤 스미스, 『국부론』[35]

가난에서 벗어나려면 공동의 재판관이 필요하다

홉스는 자연이 부여한 권리는 '자유'지만 정념이 추동하고 이성이
찾아낸 자연법은 '금지'라는 역설적 결과를 보여주었다. 코먼웰스는
자유를 위한 인간의 합리적 선택이지만, 그 선택의 결과 인간은 그
괴물에게 '복종'해야 한다. 홉스의 절대군주제를 비판한 로크 이후
의 자유주의 정치철학은 이러한 역설적 결과가 일어나지 않도록 하
기 위한 길, 즉 인간의 자연권인 자유를 지켜주는 괴물을 위한 이념
이라고 볼 수 있다. 로크는 홉스의 결론인 절대군주제를 "시민사회
와 양립 불가능하며, 따라서 결코 시민적 지배 형태가 될 수 없다"
고 반박한다.[36] 그리고 홉스와는 다른 의미의 '시민사회^{civil society}, 즉
정치사회^{political society}'에 대한 구상을 제시한다.

계약론의 계승자인 로크와 루소가 홉스와 다른 결론에 이르게 된 것은 계약의 출발점이 되는 '자연 상태'에 대해 다르게 판단했기 때문이다. 홉스는 '자연 상태는 곧 전쟁 상태이며, 사회 상태는 평화 상태'라는 도식을 갖고 있지만, 로크는 자연 상태가 주로 평화 상태였다고 생각했으며 시민사회도 전쟁에 이를 수 있다고 보았다.* 그는 자연 상태를 '자유의 상태state of liberty'로 설정하며 거기서 모든 사람은 평등하다는 점에서 홉스와 비슷하게 자연 상태를 이해했다. 하지만 홉스의 자연 상태가 법이 없고 권리만 있는 상태였던 반면, 로크의 자연 상태는 "자연법이 모든 사람에게 의무를 부과"하고 있는 상태이다.[37] 따라서 자연 상태에서 이미 인간은 충분히 이성적이기에 자연이 부과한 규칙을 지키면서 평화롭게 공존할 수 있다.

로크에게 시민사회를 자연 상태로부터 구별하는 기준은 "공동의 재판관common judge"이 있느냐 없느냐이다. 자연 상태에서는 가끔 분쟁이 일어날 때 호소할 수 있는 공동의 재판관이 없는데, 시민사회로 이행하면 자연법이 성문화되고 이를 통해 판결을 내리는 지도자가 있게 된다. 여기서 로크와 홉스의 중요한 차이가 나온다. 로크가 자연 상태를 벗어나고자 하는 이유는 전쟁에 대한 우려보다는 빈곤과 곤경으로부터 벗어나기 위함이다. 이를 위해 반드시 필요한 권리이자 공동의 재판관이 있는 시민사회에서만 확실히 보장받을 수

---

*물론 로크는 시민사회에서 전쟁 상태가 공동의 재판관의 힘이 무효가 되는 경우에 일어난다고 말하기 때문에, 엄밀한 사회 상태는 전쟁 상태가 아니라고 볼 수 있다. 존 로크, 『통치론』, §19. 시민사회 내부의 전쟁 상태에 관한 로크의 여러 진술들에 대한 분석은 레오 스트라우스/조셉 크라시 엮음, 『서양정치철학사 Ⅱ』, 291~293쪽을 보라.

있는 권리가 '소유권property'이다.* 로크에게 자연 상태의 문제점은 각자가 소유권을 갖고 있긴 하지만, "그 향유가 매우 불확실하고, 끊임없이 다른 사람이 침해할 위험"에 놓여있다는 점이다.[38] 이런 상태에서는 황무지를 개간하려는 노동 의욕이 생길 수 없고, 따라서 아메리카 원주민처럼 평등한 빈곤 상태에 머물게 된다. 로크에 따르면, 시민사회에 의한 소유권 보장은 인간을 평등한 빈곤 상태로부터 불평등한 풍요 상태로 나아갈 수 있게 해주는 것이다.

노동에 의한 소유의 정당화

로크는 소유property, 즉 각자에게 고유한 것 또는 마땅한 것을 생명, 자유, 재산의 세 가지로 규정한다.[39] 홉스의 '자기 보존'이 생명과 자유에 한정되었던 반면, 로크는 땅을 비롯한 인간 신체 바깥의 사물들, 즉 재산estate을 추가한다. 그리고 이렇게 신체 바깥에 있는 사물들이 개인의 고유한 것이 될 수 있다는 것을 자연권의 차원에서 정당화한다. 또한 로크는 화폐를 옹호함으로써 소유의 증식과 증여 또한 정당화한다.

　　태초에 하느님이 공유물로 창조한 피조물을 과연 개인이 소유할 수 있을까? 로크는 '노동'을 통해 소유권을 정당화한다. 로크에 따르면, "그의 신체의 노동과 손의 작업은 당연히 그의 것이라고 말

---

*영어 프로퍼티(property)는 '소유' 또는 '재산'으로 번역하기도 한다.

할 수 있다. 그렇다면 그가 자연이 제공하고 그 안에 놓아 둔 것을 그 상태에서 꺼내어 거기에 자신의 노동을 섞고 무언가 그 자신의 것을 보태면, 그럼으로써 그것은 그의 소유가 된다."[40] 이러한 정당화는 애덤 스미스, 데이비드 리카도, 칼 마르크스 등으로 이어지는 '노동가치론labor value theory', 즉 모든 부의 증식의 원천은 노동이라는 학설의 출발점이다.

그런데 로크는 누군가가 노동을 첨가하기만 하면 무조건 그의 것이 된다고 말하지는 않았다. 로크에 따르면 소유에는 두 가지 제한 조건이 덧붙는다. 하나는 "그것 이외에도 다른 사람들의 공유물이 충분히 남아 있는 한"[41]이라는 조건이고, 다른 하나는 "즐길 수 있는 만큼. 어느 누구든지 그것이 썩기 전에 삶에 이득이 되도록 사용할 수 있는 만큼"[42]이라는 조건이다. 오늘날의 관점에서 보면 첫 번째 제한 조건은 꽤 좌파적인 것으로 보인다. 하지만 로크는 황무지가 무한정 있기 때문에—예컨대 북아메리카 식민지의 토지와 같이—사람들이 아무리 노동으로 땅을 많이 차지해도 공유물은 충분히 많이 남아 있다고 생각했다. 거의 모든 땅이 누군가의 소유이거나 국가 소유인 오늘날과는 전혀 다른 조건이었기 때문에 로크는 첫 번째를 실질적인 제한 조건으로 간주하지 않았던 것이다. 두 번째 조건 역시 소유의 증식을 제한하는 것처럼 보인다. 하지만 그는 썩지 않는 물건인 화폐를 통한 부의 증식을 정당화하기 때문에 이 또한 실효력 없는 제한이다. 게다가 로크는 '하인servant'의 노동으로 획득한 것은 주인의 소유라는 주장을 당연한 듯이 말한다. "나의 말이 뜯어먹는 풀, 내 하인이 떼어온 잔디의 뗏장, 내가 다른 사람과 공유권을 가지고 있는 지역에서 내가 채취한 광물은 다른 사람의 양도나 동의 없이도 나의 소유물이 된다."[43]

로크에게 코먼웰스, 즉 시민정부는 무엇보다 이러한 소유권을 확실하게 지켜주는 재판관 역할을 하는 것이다. 행정과 사법은 통일되어 있으며, 절대 권력을 막기 위한 견제는 입법부의 분리를 통해 이루어진다. 그래서 홉스가 절대군주제의 옹호자로 평가받는 반면, 로크는 입헌군주제와 의회민주주의의 옹호자로 평가받는다. 『통치론』은 명예혁명이 일어난 다음해인 1689년에 출간되었기 때문에 이 혁명을 정당화하기 위한 저작으로 평가받곤 한다.

정치경제학과 경제적 괴물의 등장

인간의 자연을 자유로 보고 그 중요한 권리를 소유로 보는 것, 그리고 정부의 기능을 무엇보다 자유를 지켜주는 것으로 간주하는 이념이 자유주의liberalism이다. 18세기에 들어 자유주의는 정치철학에 머물지 않고 정치경제학political economy이라는 새로운 학문으로 그 범위를 넓히게 된다. 그리스어 오이코스oikos를 그 어원으로 하는 '경제economy', 즉 가정 또는 가문의 관리 기술이 국가 차원에서 논의될 수밖에 없는 새로운 상황이 전개되었고, 이러한 변화는 정치경제학 또는 국민경제학national economy이라는 학문을 탄생시켰다.

상업을 부의 원천으로 보았던 중상주의와 농업을 부의 원천으로 보았던 중농주의라는 초보적인 경제 사상을 넘어서 산업사회에

걸맞은 고전 정치경제학을 확립한 사람이 애덤 스미스다. 그는 『국부론The Wealth of Nations』에서 부의 원천인 자본, 토지, 노동 중에서 노동만이 부를 증식시킨다는 노동가치론에 기초하여, 분업이 노동생산성을 향상시켜 국가의 부를 늘린다고 보았다. 여기서 시장경제라는 새로운 괴물이 등장한다. 잘 알려져 있다시피 스미스는 이 괴물을 "보이지 않는 손invisible hand"이라고 불렀다. 물론 그는 이것을 괴물이 아니라 자연스러운 것으로 간주했다. 하지만 타인의 자비심이 아니라 타인의 자기애self-love*에 호소하는 것이 서로 알지 못하는 무수한 사람들과의 분업 및 교환에 이르게 한다는 주장, 즉 개인들의 이기적 관심이 공동의 복리와 국가의 부를 증대시키는 역설적 결과를 낳는다는 주장에는 시장경제 혹은 자본이라는 새로운 괴물에 대한 탁월한 통찰이 들어있다.[44]

폴리스 또는 정치사회에서는 타인에 대한 무관심이 용납되지 않았다. 아리스토텔레스는 폴리스에서 이성적 토론뿐 아니라 그 과정에서 형성되는 시민들 간의 우애philia도 강조했다.[45] 반면에 스미스가 통찰한 시장경제의 사회적 관계에서는 타인의 구체적 인격에 대해 무관심한 상태에서도, 즉 익명적 관계에서도 활발한 사회적 교류를 할 수 있다. 타인에 대한 지나친 관심으로 인해 생기는 자비심은 오히려 자기애에의 호소를 가로막아 분업의 발전을 가로막을 수 있다.

---

*한국어 번역본에서는 '이기심'으로 번역되며 대체로 그렇게 통용되고 있지만, 이 단어가 18세기 당시 비경제적 맥락에서도 널리 쓰였다는 점을 고려하여 말뜻 그대로 옮겼다.

4장에서 살펴볼 루소의 사회계약론은 각자의 의지가 모여 일반 의지를 형성한다고 말하지만, 스미스가 고찰한 시장경제에서는 개인들 각자가 의도한 것과는 전혀 다른 사회적 결과가 나온다. 근대 국가라는 괴물이 인간의 자유를 억압하지 못하게 하려는 노력은 소유의 권리와 시장에서의 활발한 거래로 이어졌고, 그 결과 개인들의 관여로 굴러가지만 개인들의 의도와 무관한 결과를 낳는 새로운 괴물이 탄생하였다. 이 괴물의 이름은 '자본주의 시장경제'이다. 이제 국가와 시장경제라는 두 개의 괴물이 갈등하고 이 갈등을 중재하면서 법의 중요성이 커지는 시대가 열렸다.

경제적 괴물에 대한 스미스의 통찰은 정반대 방향으로 마르크스에게서도 발견된다. 정치경제학을 비판한 마르크스는 보이지 않는 손이 좋은 결과가 아니라 매우 나쁜 결과를 낳는다는 통찰을 내놓는다. 마르크스는 『자본Das Kapital』의 초판 서문에서 자본가는 자본의 담당자일 뿐이라고 말하며, 공황은 어떤 자본가도 의도하지 않지만 자본주의 경제 체계에서 필연적이라는 점을 입증한다.[46] 스미스가 자비심에 호소해서는 안 된다고 말하듯이, 마르크스도 프롤레타리아트에 대한 자비심을 호소하지 않는다. 마르크스는 오히려 부르주아지의 착취와 그 권력의 억압이 프롤레타리아들의 계급적 단결과 사회혁명이라는 의도하지 않은 결과를 낳는다고 보았다.[47] 자본주의 시장경제의 결과를 전혀 다른 방향으로 진단하지만 스미스와 마르크스는 경제적 괴물의 역설을 간파했다는 점에서는 비슷하다.

시민사회, 국가와 구별되는 경제사회의 의미를 갖게 되다

스미스에서 시작된 자유주의 정치경제학이 사람들의 자유로운 자기애 추구와 활발한 거래 및 교환을 위해 국가의 역할을 소유권 보호로 최소화시켰다는 것은 너무나 잘 알려져 있다. 그들이 간파했던 사회구조 변동의 방향은 국가의 최소화라기보다는 정치와 경제의 '분화differentiation'라 할 수 있다. 그래서 로크 시절까지도 유지되었던 '시민사회는 곧 정치사회'라는 도식이 점차 깨진다. 정치가 사회를 대표하던 시대가 끝나고 정치와 사회 혹은 정치와 경제가 분리된 것으로 파악되기 시작했다. 그래서 정치나 국가가 아닌 경제가 사회 또는 시민사회를 뜻하게 된다.

19세기 초, 독일의 철학자 헤겔은 『법철학Grundlinien der Philosophie des Rechts』에서 근대를 '분열Entzweiung'의 시대로 파악했다. 헤겔은 그 분열의 핵심 영역이며 '형식적 보편성'인 시민사회Bürgergesellschaft를 '실체적 보편성'인 국가로부터 분리한다. 그는 시민사회를 "욕구의 체계"로 규정했다.[48] 이는 시민사회의 중심이 정치경제학의 영역이라는 것을 뜻한다. 마르크스를 비롯한 19세기의 여러 지식인들의 글에서 '사회적social'이라는 말은 '정치적political'과 대립되는 수식어로 쓰였다. 즉 사회란 국가나 정치가 아니라 경제적 토대를 중심으로 한 사회 영역을 지칭하는 말로 쓰인 것이다. 그래서 마르크스는 미국 독립 혁명, 프랑스 대혁명 등 시민사회로의 이행을 낳은 혁명을 '정치혁명'이라고 부른 것에 반해, 앞으로 일어날 공산주의 혁명을 '사회혁명'이라고 표현했던 것이다.

계몽사상가들과 자유주의자들이 인간의 자연인 자유를 옹호하면서 정치와 경제의 분화에만 기여한 것은 아니다. 즉 그들이 국가의 간섭에만 저항한 것은 아니다. 로크, 볼테르, 밀 등은 모두 '관용 tolerance'에 관한 책을 썼다.[49] 종교적 자유를 옹호한 이 책들은 정치를 비롯한 사회의 여러 영역들을 종교와 그에 결부되어 있던 도덕으로부터 자유롭게 만드는 효과를 가져왔다. 홉스가 종교 권력의 과도한 간섭에 맞서 시민 권력과 종교 권력의 통일을 주장했다면, 이들의 관용론은 시민 권력이 여러 종교 권력들과 일정한 거리를 둠으로써 정치권력이 세속화를 통해 자율성을 획득하는데 기여했다. 그리고 시장경제는 타인이 자기애에만 호소하면 되기 때문에 당연히 타인의 종교적 신념이나 도덕 수준에 대해서는 무관심하게 만든다. 그 결과, 시장경제의 시대가 열리면서 종교와 도덕의 복합체는 그것이 중세에 가졌던 우주적 보편성을 상실하고 개인의 주관적 차원으로 축소되었다.

이러한 사회 분화의 추세는 덕德과 무관한 자유연애의 정당화로 이어졌다. 평범한 사람들도 누구나 연애할 수 있고 교회나 가문의 허락 없이 결혼할 수 있는 시대가 열린 것이다. 그리고 19세기에는 종교적 목적과 도덕적 가치 평가가 배제된 예술, 즉 "예술을 위한 예술"이라는 슬로건을 내건 작품들이 탄생했다. 이런 분화는 어쩌면 17세기의 자유주의자들이 의도하지 않은 것일지도 모른다. 그럼에도 자유 담론은 사회가 수많은 자율적 영역들로 분화되는 데 직간접적으로 기여했다.*

'자유주의'라 불리는 이념은 오늘날 넓은 외연을 갖고 있다. 존

롤스처럼 기회 균등을 위해 최소 수혜자에게 더 많은 기회를 주어야 한다고 말하는 평등 지향이 강한 정치적 자유주의자부터 복지 정책이 가난한 사람들을 게으르게 만들고 공동체를 파괴한다고 말하는 밀턴 프리드먼 같은 신자유주의자에 이르기까지 다양하다. 특히 20세기 후반에 시작된 전지구적 '신자유주의'는 자유주의자가 자유주의에 맞서 싸우는 풍경을 만들어내고 있다.[50] 이러한 상황에서 고전적 자유주의 이념의 핵심이 무엇이었는지 짚어보는 것은 상당히 의미있는 일일 것이다. 따라서 필자는 다른 이념과 구별되는 자유주의의 원칙을 명확히 정식화한 존 스튜어트 밀의 다음 글로 이 장을 마무리하고자 한다.

인간 사회에서 누구든—개인이든 집단이든—다른 사람의 행동의 자유를 침해할 수 있는 경우는 오직 한 가지, 자기 보호self-protection를 위해 필요할 때 뿐이다. 다른 사람에게 해를 끼치는 것을 막기 위한 목적이라면, 당사자의 의지에 반해 권력이 사용되는 것도 정당하다고 할 수 있다. 이 유일한 경우를 제외하고는, 문명사회에서 구성원의 자유를 침해하는 그 어떤 권력의 행사도 정당화될 수 없다. 본인 자신의 물리적 이익 또는 도덕적 선을 위한다는 명목 아래 간섭하는 것도 일절 허용되지 않는다. 당사자에게 더 좋은 결과를 가져다주거나 더 행복하게 만든다고, 또는 다른 사람이 볼 때 그렇게 하는 것이 현

---

*현대 사회로의 이행 과정을 "사회의 기능적 분화"라는 말로 총괄하고 그 각 기능체계들의 분화과정을 기술한 니클라스 루만의 사회이론과 그 대표 저작인 『사회의 사회』에 관해서는 9장에서 살펴볼 것이다.

명하거나 옳은 일이라는 이유에서, 본인의 의사와 관계없이 무슨 일을 시키거나 금지해서는 안 된다. 이런 선한 목적에서라면 그 사람에게 충고하고, 논리적으로 따지며, 설득하면 된다. 그것도 아니라면 간청할 수도 있다. 그러나 말을 듣지 않는다고 강제하거나 위협을 가해서는 안 된다. 그런 행동을 억지로라도 막지 않으면 누군가가 다른 사람에게 나쁜 일을 하고 말 것이라는 분명한 근거가 없는 한, 결코 개인의 자유를 침해해서는 안 되는 것이다. 다른 사람에게 영향을 주는 행위에 한해서만 사회가 간섭할 수 있다. 이에 반해 당사자에게만 영향을 미치는 행위에 대해서는 개인이 당연히 절대적인 자유를 누려야 한다. 자기 자신, 즉 자신의 몸이나 정신에 대해서는 각자가 주권자인 것이다.[51]

4장

인간의 자유를 억압하는 괴물에
맞서 싸우다 생겨난 괴물

장 자크 루소, 게오르크 빌헬름 프리드리히 헤겔, 칼 마르크스

어떤 땅에 울타리를 두르고 "이것은 내 것이다" 선언하는 일을
생각해내고, 그것을 그대로 믿을 만큼 단순한 사람들을 찾아낸 최초의
사람은 정치사회의 창립자였다. 말뚝을 뽑아내고, 개천을 메우며
"이런 사기꾼이 하는 말 따위는 듣지 않도록 조심해라.
열매는 모든 사람의 것이며 땅은 개인의 것이 아니라는 것을 잊는다면
너희들은 파멸이다!"라고 동포들에게 외친 자가 있다고 한다면,
그 사람이 얼마나 많은 범죄와 전쟁과 살인,
그리고 얼마나 많은 비참함과 공포를 인류에게서 없애주었겠는가?

– 장 자크 루소, 「인간 불평등 기원론」,52

계급과 계급 대립이 있던 낡은 부르주아 사회 대신에 각인의 자유로운
발전이 만인의 자유로운 발전의 조건이 되는 하나의 연합체가 나타난다.
(…) 프롤레타리아트들은 공산주의 혁명 속에서 족쇄 이외에는 아무것도
잃을 것이 없다. 그들에게는 얻어야 할 세계가 있다.
만국의 프롤레타리아여, 단결하라!

– 칼 마르크스, 「공산주의당 선언」,53

계몽 안의 반계몽, 문명 안의 반문명

영국 경험주의와 자유주의 정치철학의 영향을 받은 18세기 프랑스

계몽사상가들은 인간의 자유와 인간 정신의 진보에 대해 낙관주의적인 태도를 갖고 있었다. 소설 『캉디드』에서 볼테르가 말했듯이 각자의 밭을 열심히 갈고, 디드로와 달랑베르가 그렇게 했듯이 『백과전서』를 집필해 널리 보급하면 좋은 세상이 올 것이라고 믿었다. 하지만 그들이 옹호했던 '이성'과 '소유'가 못 배우고 가난한 다수의 사람들에게는 불평등의 원흉으로 보일 수도 있다.

계몽의 중심도시인 파리가 아니라 전통적 공동체가 유지되고 있던 제네바에서 시계공의 아들로 태어나 고아나 다름없는 신세로 자랐고, 정식 교육을 거의 받지 못한 채 오랜 방랑 생활을 통해 지적 성장을 이룬 사람이 있다면, 그는 아마도 이들 계몽사상가들에게 거부감을 느낄 수밖에 없었을 것이다. 그는 한때 볼테르를 존경하고 디드로, 달랑베르, 콩디야크 등과 친구로 지내며 백과전서 편찬에도 참여했다. 그런데 친구들 중 가장 별 볼 일 없을 것 같았던 그 청년이 『학문과 예술에 대하여』, 『인간 불평등 기원론』 등을 써서 자기 고유의 사상을 펼치기 시작하자 그는 친구들의 적이 되어버림과 동시에 친구들보다 역사에 훨씬 큰 영향력을 미치게 될 정치사상가의 길로 들어서게 된다. 그가 바로 장 자크 루소이다.

루소는 "학문과 예술의 부흥은 풍속을 순화하는 데 기여했는가?"라는 디종 아카데미의 물음에 대해 그것이 사치를 조장하고 미덕을 파괴하며 평범한 백성들을 불행하게 만든다는 파격적인 주장을 펼치면서 계몽 사상가들과 결별하기 시작한다. 그 다음에 쓴 논문에서 루소는 "사색은 자연에 위배되는 상태"이며 "명상하는 인간은 타락한 동물"이라고 주장하며, 인간 불평등의 기원이 소유에 있다고 폭로한다.[54] 문명사회에 대한 이러한 비판과 "자연으로 돌아가라"는 그의 구호는 사회 상태에 대한 거부로 들리기 쉽다.

그런데 다른 한편으로 루소는 『사회계약론』에서 인민주권을 실현하는 새로운 사회 상태에 대한 구상도 제시한다. 여기서 자연은 문명사회를 비판하는 기능을 하는 것이 아니라 인간을 국가의 주권자로 만들어 자유롭게 되도록 강요하는 기능을 한다. 그래서 루소에게 사회는 한편으로는 인간의 자유(자연)를 억압하고 타락시키는 것으로, 다른 한편으로는 인간의 자유(자연)를 완성하는 것으로 묘사된다. 이렇듯 루소는 상당히 자기모순적인 것으로 보이는 견해를 갖고 있었기 때문에 체계적인 사상가가 아니라는 평가를 받기도 한다. 하지만 이러한 자기모순과 비체계성에도 불구하고 여러 분야에서 큰 호소력을 갖는 파격적인 주장을 깊이 있게 펼쳤다. 그래서 루소는 프랑스 혁명의 주역들이나 독일 이상주의자들에게 제각각의 방식으로 해석되면서 큰 영향을 미쳤다. 이 장의 후반부에서 살펴볼 독일 역사철학과 마르크스주의는 루소의 자기모순을 변증법적으로 통일시키고자 했던 시도라고 볼 수 있다.

인간 불평등과 타락의 기원

인간의 자연 상태에 대한 루소의 관점은 이성적이라기보다는 감성적이다. 따라서 자연 상태에서 인간이 이미 이성적이라고 보았던 로크보다는 인간의 정념을 강조했던 홉스 쪽에 조금 더 가깝다. 하지만 루소는 홉스보다 더 원시적인 자연 상태를 설정한다. 그는 이성보다 앞서 자연인에게 있는 두 가지 원리를 제시한다. 하나는 "우리의 안락과 자기 보존에 대해 열렬한 관심을 기울인다"는 자기애의 원리이며, 다른 하나는 "모든 감성적 존재, 주로 우리 동포가 죽거나 고통을 당하는 것을 보면 자연스러운 혐오를 일으킨다"는 연민혹은 동정심의 원리이다.[55] 이 두 가지 원리 중 자기애의 원리는 홉스와 비슷한 것이라 볼 수 있다. 후자의 원리도 홉스의 개념에 따르면 일종의 정념passion이라고 볼 수 있지만 홉스가 별로 주목하지 않았던 정념, 즉 자연 상태가 전쟁 상태로 치닫는 것을 막아주는 정념이라고 할 수 있다.

루소는 홉스와 로크를 비롯한 이전 철학자들에 대해, 그들은 미개인이 아니라 문명인을 묘사하는데서 논의를 시작한다고 비판했다. 루소는 자연인 혹은 미개인이 고립적으로 살아가고 다른 무리의 인간들을 가끔 지나치다 마주칠 뿐 다시 만나지 못하기 때문에 홉스식의 대규모 전쟁 상태 같은 것에는 이르지 않는다고 보았다. 그리고 로크가 자연권으로 본 소유는 인위적이고 사회적인 권리라고 봤다.

『인간 불평등 기원론』에서 루소는 인간 불평등의 기원 혹은 인간의 자연을 타락시킨 원인을 "인간 정신의 지속적인 진보"에서, 그리고 "자기완성 능력facultéde se perfectionner이나 사회적인 덕"에서 찾는다.[56] 그리고 서두에서 인용한 루소의 글에서 보듯이, 그러한 타락의 구체적이고 결정적인 계기를 사적 소유의 확립으로 간주한다. 여기까지만 보면 루소는 반문명, 반이성, 반사회를 외치는 듯하며, 흔히 그렇게 평가받듯이 낭만주의의 선구자인 것처럼 보인다. 하지만 루소는 "인간의 모든 불행의 근원"인 이 "완성 능력"이 동시에 인간의 도덕적 자유 혹은 사회를 통한 자유를 실현할 수 있는 능력이라고도 말한다. 인간을 타락시킨 능력이 동시에 인간을 구원할 능력인 셈이다. 그는 인간이 결코 미개인의 자연 상태로 되돌아갈 수 없다는 걸 잘 알고 있었다. 그래서 8년 후에 쓴 『사회계약론』에서는 문명사회를 재구축할 정치 체제에 대한 구상을 밝힌다.

권리를 전면적으로 양도하지만 누구에게도 복종하지 않는다

『사회계약론』의 제1편 제1장은 "인간은 본래 자유인으로 태어났다. 그런데 그는 여기저기 쇠사슬에 묶여 있다"는 유명한 구절로 시작한다.[57] 이 구절은 『인간 불평등 기원론』의 내용과 그리 다르지 않다. 그런데 『사회계약론』은 이 쇠사슬로부터 벗어날 수 있는 대안을 제시한다. 그 대안은 기존의 계약론자들이 말한 것과는 여러 지점에서 차별화되는 새로운 사회계약이다.

　　루소는 우선 "최초의 계약"은 만장일치로 이루어져야 한다고 강조한다. 이후의 계약들은 다수결의 법칙에 따를 수 있지만 항상 이 최초의 계약을 위배하지 않아야만 정당화될 수 있다. "다수결의 법칙은 그 자체가 계약으로 이루어진 것이며 최소한 한번은 만장일치의 결의를 전제로" 하기 때문이다.[58] 이 두 가지 종류의 계약이 갖는 질적인 차이는 근대의 현실 국가 대부분에서 이루어진 헌법과 법률의 구별과 비슷하게 보이지만, 현실 국가의 헌법이 만장일치의 계약으로 성립한 경우는 없다.

　루소는 이러한 사회계약이 해결해주는 근본 문제가 "구성원 하나하나의 신체와 재산을, 공동의 힘을 다하여 지킬 수 있는 결합 형식을 발견하는 것, 그리고 그것으로 저마다 모든 사람과 결합을 맺으며 자기 자신 이외에는 복종하지 않고 전과 다름없이 자유로울 것"이라고 말한다.[59] 전자의 문제는 다른 계약론자들의 계약도 해결해주는 것이지만, 후자의 문제는 자유주의적 입장에서 볼 때 그 해결이 불가능해 보이는 문제이다. 어떻게 주권자에게 권리를 양도하고도 자기 자신 이외의 누구에게도 복종하지 않을 수 있고 변함없이 자유로울 수 있는가? 도무지 불가능할 것 같은 이러한 문제를 루소가 계약으로 해결할 수 있다고 주장하는 이유는 그 계약이 전체에 대한 "전면적 양도"이기 때문이다. 누구도 예외 없이, 어떤 유보 조건도 없이 각자가 자신과 자신의 모든 권리를 전체에게 양도하는 것을 루소는 "결국 아무에게도 양도하지 않는다"고 말한다.[60] 계약으로 성립하는 "일반 의지"는 누구의 것도 아닌 공동의 것이기 때문이다. 루소는 일반 의지의 최고 지도 아래에 있을 때 "우리는 각 구성원을 전체와 나누어질 수 없는 부분으로 받아들인다"고 말한다. 즉 전면적으로 양도하는 계약을 할 경우, 나는 전체와 구별되는 부분이 아니라 전체와 한 몸인 부분이 된다. 그래서 전체에 대한 복종은 곧 나에 대한 복종이며, 따라서 전과 다름없이 자유로울 수 있는 것이다.

　루소는 이렇게 만장일치의 계약으로 탄생한 공화국을 "공동 자아", "공적 인격" 등으로 표현한다.[61] 개인에게만 사용할 수 있을 것 같은 단어인 '자아', '인격' 등이 공동적인 것 혹은 공공적인 것이 될 수 있다는 관념, 이것이 루소의 계약론이 앞선 다른 계약론자들과 같은 차별점이다. 괴물이 곧 나라고 주장하는 것이기 때문이다.

사회적 '자유'를 '강요'하다

루소는 이런 공화국이 능동적일 때 "주권자Souverain"라고 부르며, "주권자는 그것을 구성하는 개개인에 의해서만 성립되므로, 그들의 이익에 반하는 이익을 갖지 않고 가질 수도 없다"고 단정한다.[62] 이러한 주권은 양도할 수 없고 분할할 수 없는 것이다. 그렇다고 해서 루소가 국가와 개인 사이의 혹은 주권자와 신민 사이의 의견 불일치와 갈등을 고려하지 않는 것은 결코 아니다. 루소는 계약에 참여한 사람들을 집합적으로는 "인민", 참여 개인으로는 "시민", 법률에 종속되는 자로서는 "신민"이라고 부른다. 물론 신민으로서의 개인은 주권자와의 관계에서 일반 의지에 반하여 행동할 수도 있다. 그런데 이렇게 일반 의지에 복종하기를 거부하는 문제에 대해 루소는 뭐라고 말할까? 그는 사회계약이란 '복종하기를 거부하는 자의 복종을 강요한다는 약속'을 내포한다고 보았다. 루소는 이 약속의 의미를 "개인이 자유롭게 되도록 강요한다는 것"이라고 말한다.[63]

'자유'를 '강요'한다는 말은 매우 모순적으로 들린다. 강요받는 것이 어떻게 자유일 수 있는가? 루소는 여기서 자유란 "자연적 자유"가 아니라 "일반 의지에 의해서 제한된 시민으로서의 자유, 즉 사회적 자유"라고 말한다.[64] 홉스와 로크에게 자유는 자연권으로서의 자유, 즉 자연 상태에서부터 있었던 자유였다. 반면에 루소는 이러한 자연적 자유와 구별되는 '사회적 자유'라는 새로운 개념을 제시한다. 그리고 일반 의지에 의해 제한되는 이 자유는 자유롭지 못한 자들, 즉 일반 의지에 복종하기를 거부하는 자들에게 강제되어야 한다.

20세기 영국의 정치철학자 이사야 벌린은 자유의 두 개념을 '소극적 자유negative freedom'와 '적극적 자유positive freedom'로 구별한 후 좌파가 강조해온 적극적 자유를 비판한 바 있다.[65] 사실 루소는 이 두 가지 자유의 구별을 처음 도입하고 후자를 옹호했다고 볼 수 있다. 1980년대 한국의 대표적인 저항시인 김남주는 「자유」라는 시에서 "만인을 위해 내가 노력할 때 나는 자유이다 땀 흘려 힘껏 일하지 않고서야 어찌 나는 자유이다라고 말할 수 있으랴 만인을 위해 내가 싸울 때 나는 자유이다 피흘려 함께 싸우지 않고서야 어찌 나는 자유이다라고 말할 수 있으랴"라고 썼다.[66] 이 시에서 김남주가 강조하는 자유야말로 일반 의지에 의해 제한된 사회적 자유이며, 에리히 프롬의 표현에 따르면 '~로부터의 자유'인 소극적 자유가 아니라 '~에로의 자유'인 적극적 자유이다.

괴물이 되어버린 일반 의지와 변증법적 역사철학의 등장

『인간 불평등 기원론』에서 루소는 소유를 불평등의 원흉으로 비난

했지만, 전면적으로 양도하는 계약 이후의 소유는 옹호했다. 힘으로 먼저 차지한 자들의 땅이 공화국의 땅으로 양도된 후 법률상의 정당한 근거로 성립하는 소유는 정당하다고 본 것이다. 그리고 이렇게 성립한 소유자는 "공공재산의 수탁자"이므로, 그의 개인적 권리는 공동체가 모든 땅에 대해 갖는 권리에 종속된다.[67]

루소의 정치철학은 '공화주의', '인민주권', '인민의 자기 지배' 등으로 요약되곤 한다. 이렇게 개인이 주권자인 동시에 신민일 수 있다는 생각은 나의 의지와 타인들의 의지가 합쳐져 '일반 의지'가 성립할 수 있다는 믿음에 기초한다. 그런데 나의 의지조차 어제 다르고 오늘 다른데 최초의 계약으로 성립한 일반 의지에 복종하는 것이 과연 자유일 수 있을까? 일반 의지가 나의 의지가 아니라 낯선 괴물이 되지는 않을까?

루소가 죽고 십여 년 후에 일어난 프랑스 혁명의 전개 과정에서 급진적 공화파는 '일반 의지'의 이름으로 강력한 공포정치를 행한다. 로베스피에르, 마라, 생쥐스트 등 제헌의회 시절 쟈코뱅 클럽에서 출발해 국민공회의 공안위원회를 장악한 산악파 지도자들은 루소의 사상을 따랐다. 특히 로베스피에르는 젊은 시절에 노년의 루소를 만나기도 했었다. 산악파는 루이 16세를 비롯한 수많은 구체제 인사들은 물론이고 온건 공화파와 산악파 내부의 온건 세력까지도 단두대guillotine에서 처형했다. 반혁명 세력을 엄중하게 처단했던 그들은 1794년 테르미도르 반동이 일어나자 자신들도 단두대에서 숨을 거둔다.[68] 이렇듯 일반 의지는 그것에 종속시킨 수많은 개인들을 죽음으로 몰아간 괴물이 되어버리고 만다.

루소 자신은 정부 형태와 관련해 일반 의지의 표현인 인민주권을 잘 실현하는 정체는 군주정일 수도, 귀족정일 수도, 민주정일 수도 있다고 말한다. 각 나라가 처한 환경에 따라 일반 의지를 가장 잘 표현하는 정부 형태는 달라질 수 있다는 것이다. 이렇듯 그의 사상이 곧바로 단두대의 공포정치를 정당화하는 것은 아니다. 하지만 '나'와 '우리'를 동일시하는 정치사상은 쉽게 전제정치를 정당화하는 데 쓰일 수 있다.

한편으로는 문명사회를 비판하고 다른 한편으로는 사회계약을 통한 인민주권을 주장한 루소의 이론이 갖고 있는 모순적인 성격은 하나의 역사적 과정으로 해석될 수 있다. 즉 소외와 타락의 과정이 곧 회복과 완성이라는 새로운 역사의 출발점이 되는 것이다. 그래서 후기 칸트로부터 시작해 헤겔에게서 완성되는 독일의 목적론적 역사철학은 루소의 이론이 갖고 있는 이중적 성격을 하나의 역사적 과정으로 종합한 것이라고 볼 수 있다. 목적론적 역사철학은 평온하지만 단순한 과거, 분열되고 소외된 현재, 통일과 전면적 회복이 이루어지는 미래의 3단계로 역사의 변증법적 발전이 이루어진다고 본다.

헤겔은 『법철학』에서 인륜^{Sittlichkeit}의 전개 과정을 가족, 시민사회, 국가의 세 단계로 서술한다. 가족은 인륜의 직접적 통일, 시민사회는 인륜의 분열과 보편성 형성의 과정(형식적 보편성), 그리고 국가는 인륜의 실체적 보편성이 완성된 것이다. 노년에 헤겔은 이 세 단계를 그리스 사회, 기독교 사회, 프로이센 사회라는 실제 역사의 발전 단계와 동일시하였다. 당대 독일(프로이센)의 상태를 역사의 목적으로 정당화한 이러한 반동적 역사철학에 반발하여 마르크스는 전자본주의 사회(과거), 자본주의 사회(현재), 공산주의 사회(미래) 의 세 단계로 소외와 회복의 과정을 그렸다. 물론 마르크스는『독일 이데올로기』에서 드러나듯이, 헤겔의 목적론적 역사관에 대한 강력한 비판자이기도 했다. 하지만 그의 공산주의 이론에는 분명 이런 역사철학의 잔재가 남아있다.

앞서 지적했듯이 로베스피에르를 비롯한 프랑스 혁명의 주도자들은 루소의 영향을 강하게 받았다. 가진 자들에 대한 분노와 인민의 자기 지배를 실현하기 위한 노력, 그리고 일반 의지의 이름으로 실행된 수많은 처형에 이르기까지 말이다. 인간의 자유(자연)를 억압하는 괴물을 죽이기 위한 혁명과 그 혁명에서 새로운 괴물이 탄생하는 사태는 그 뒤로 여러 차례 반복된다. 19세기에 이러한 혁명 운동은 자본주의적 경제 구조에 대한 급진적 비판을 통해 '사회주의' 혹은 '공산주의'라는 이름을 갖게 된다.

공산주의 국가라는 괴물

헤겔 철학이 프로이센 국가와 그 종교를 옹호하는 것으로 귀결된 것을 비판한 청년헤겔파의 일원이었던 칼 마르크스는 초기에 루드비히 포이에르바하의 영향을 받아 인간 소외의 극복과 "완성된 인간주의, 즉 완성된 자연주의"를 지향한다. 그의 초기 저작인 『1844년의 경제학 철학 초고』는 소외된 노동이 첫째, 자연을 소외시키고,

둘째, 노동자 자신의 생활 활동을 소외시키고, 셋째, "자유로운 의식적 활동"인 인간의 유적 본질을 소외시키고, 넷째, 인간으로부터 인간을 소외시킨다고 분석한다.[69] 하지만 인간의 유적 본질의 회복을 인민의 아편인 종교에 대한 비판을 통해 실현하려던 포이에르바하와 달리 마르크스는 현대 사회의 토대인 시민사회를 전복함으로써 실현하려 한다.

마르크스는 헤겔의 시민사회를 경제적 '토대'로, 국가와 종교를 정치적, 법적, 이데올로기적 '상부구조'로 간주하고, 그 토대가 재생산되고 붕괴되는 법칙을 분석한다. 현대 사회를 이렇게 파악함으로써 마르크스는 정치혁명이 아닌 사회혁명의 구상을 밝힌다. 『공산주의당 선언』에 담겨있는 구상을 요약하면 대략 다음과 같다.

부르주아지의 발전

↓

프롤레타리아트의 전국적 단결

↓

계급투쟁을 통해 프롤레타리아트가 지배계급으로 고양

↓

생산수단의 사적 소유 폐지

↓

각자의 자유로운 발전이 만인의 자유로운 발전의 조건이 되는 연합체의 출현

국가가 소멸한 상태라 할 수 있는 마지막 단계는 막스 슈티르너, 피에르 조제프 프루동과 같은 당대의 다른 급진주의 사상가들의 영향을 받은 것이라 볼 수 있다. 슈티르너와 프루동은 개인들의 연합을 지향했지만 계약론자들과 달리 주권의 수립에는 반대했다. 계약론자들은 주권의 수립 이후에는 다수파에 대한 복종을 강조하지만 이들은 연합체를 개인의 자유로운 발전을 위한 수단으로만 보았다. 슈티르너는 "이 공동성 속에서 오직 나의 힘이 증폭되는 것만을 보는"[70] 동맹인 '에고이스트 동맹'을, 프루동은 자율적인 수많은 '연합들의 연합'을 국가의 대안으로 제시한 바 있다. 국가를 거부하는 이러한 대안들은 인간의 자유를 억압하는 괴물을 폐지한 후 일반 의지를 기초로 인민주권이 또 하나의 괴물로 등장하는 것을 보았기 때문에 나온 것일 테다.

그런데 마르크스는 이런 아나키스트들*과 미래 사회상을 공유하면서도, 사적 소유를 법적으로 보장하는 현재의 국가를 폐지하기 위한 권력의 쟁취가 불가피하다고 본다. 이 발상은 20세기 초 러시아의 혁명가 레닌에 의해 '프롤레타리아 독재'로 정식화된다. 그리고 영구혁명과 국제주의를 강조한 트로츠키를 추방하고 레닌의 계승자가 된 스탈린은 '일국 사회주의'가 가능하다고 주장함으로써, 20세기 지구의 삼분의 일에 공산주의 국가라는 괴물이 등장하는 발

---

*아나키스트(anarchist)의 아나키(anarchy)는 하이라키(hierarchy)의 반대 상태, 즉 위계가 없는 상태를 뜻한다. 아나키즘은 정부뿐 아니라 가정, 조직 등 모든 사회적 관계에서 위계질서를 거부하는 이념이므로 '무정부주의'라는 번역어는 너무 협소하다. 그래서 음차하여 아나키즘이라고 부르거나 반위계주의자 혹은 탈위계주의자라고 부르는 것이 좋다.

판을 놓았다. 이렇듯 인간을 억압하는 괴물을 죽이려고 한 정치사상들의 운명은 더 큰 새로운 괴물의 등장으로 이어지곤 했다.

1848년 유럽 혁명의 과정에서 공산주의자 동맹이 붕괴되자 마르크스는 런던으로 이주하여 정치경제학 비판을 위한 연구에 전념하면서 여생을 보낸다. 그 성과물인 『자본 – 정치경제학 비판』은 자본주의 경제 체계의 작동 원리를 자연과학적 법칙처럼 필연성 높은 것으로 설명하며, 그 붕괴 역시 필연적임을 논증하려는 저작이다. 물론 후자의 논증은 역사를 통해 그리 설득력 높은 것이 아니라는 평가를 받았다. 20세기 세계 경제는 정치의 적극적 개입을 통해 대공황을 관리할 수 있음을 보여준 것이다. 하지만 3장에서도 지적했듯이, 『자본』은 누구도 의도하지 않은 결과를 산출하는 경제적 괴물, 도덕적인 의미의 선의나 악의와는 무관하게 관철되는 착취와 경쟁을 기술하였다는 점에서 '사회과학'의 시대를 연 대저작임에는 틀림없다.

『자본』의 제1판 서문에서 마르크스는 자신의 연구 방법론에 관해 아래와 같이 서술했다. 이 구절은 왜 마르크스가 '사회학'의 시조 중 한 사람으로 평가받는지를 잘 보여준다. 다시 말해 그에게 '실천철학', '윤리학', '정치철학'과 같은 고대로부터 내려오는 학문 명칭보다는 '사회철학', '사회학', '사회과학'과 같은 19세기 이후에 나타난 학문 명칭이 왜 더 잘 어울리는지를 보여준다.

만일의 오해를 피하기 위해 나는 여기에서 한 가지를 덧붙이고자 한다. 나는 자본가와 토지 소유자를 결코 장밋빛으로 묘사하지는 않을 것이다. 그러나 여기에서 이 사람들을 문제로 삼는 것은 단지 그들이 갖가지 경제적 범주들의 인격체라는 점에서만, 즉 특정한 계급관계와 계급이해의 담당자라는 점에서만 그러하다. 나는 다른 누구보다도 경제적 사회구성체의 발전을 하나의 자연사적 과정으로 파악하고 있으며, 각 개인은 그들이 설사 주관적으로는 사회적 관계에서 벗어나 있다고 할지라도 사회적으로는 사회적 관계의 피조물이라고 간주하기 때문에 사회적 관계에 대한 이들 개인의 책임은 적다고 생각하는 입장이다.[71]

5장

문화의 부상과
괴물의 여러 얼굴들

에밀 뒤르켐, 막스 베버, 안토니오 그람시, 프랑크푸르트학파

내가 형제로서, 남편으로서, 또는 시민으로서 의무를 행할 때,
내가 계약을 이행할 때, 나는 나 자신과 나의 행위 바깥의 법률과
관습에 규정된 의무를 행하는 것이다. 그러한 법률과 관습이
나의 정서에 맞고 그것을 주관적으로 느낀다 하더라도,
그와 같은 현실은 내가 만든 것이 아니며 단지 교육을 통하여
이어받은 것이기 때문에 여전히 객관적이다.

― 에밀 뒤르켐, 『사회학적 방법의 규칙들』[72]

금욕주의가 세계를 변형하고 세계 안에서 영향력을 행사하게 되면서,
이 세계의 외적인 재화는 점증하는 힘으로 인간을 지배하게 되었고
그리하여 마침내는 도저히 벗어날 수 없는 힘으로 인간을 지배하게
되었다. 이는 역사에서 결코 그 유례를 찾아볼 수 없는 현상이다.
오늘날 금욕주의의 정신은 그 쇠우리에서―영구적으로 그런 것인지
아닌지는 그 누구도 모른다―사라져버렸다. (…) 만약 기계화된
화석화가 도래하게 된다면, 그러한 문화 발전의 '최후의 인간들'에게는
물론 다음 명제가 진리가 될 것이다. 정신 없는 전문인, 가슴 없는 향락인
―이 무가치한 인간들은 그들이 인류가 지금껏 도달하지 못한
단계에 올랐다고 공상한다.

― 막스 베버, 『프로테스탄티즘의 윤리와 자본주의 정신』[73]

사회학의 탄생 : 사실 숭배와 경제주의에 반발하다

19세기 말, 사회에 관한 지식을 주도한 두 가지 이론적 경향은 칼 마르크스를 출발점으로 하는 과학적 사회주의와 오귀스트 콩트를 출발점으로 하는 실증주의positivism이다. 이 두 경향은 서로 대립했지만 두 가지 공통점을 갖고 있었다. 하나는 형이상학적 사유를 배격하고 경험적 현실을 중시했다는 것이다. 다른 하나는 사회적 현상을 인과론적으로 설명하고 예측하고자 했다는 것이다. 즉 마르크스주의와 실증주의는 자연과학의 성공 사례로부터 자극 받아 특정한 결과에 대해 특정한 원인을 법칙적으로 귀속시키고자 하였다. 과학적 사회주의에서 인과론적 설명의 대표적인 예로는 경제적 토대의 변화(원인)가 정치적 상부구조의 변화(결과)를 낳는다고 보는 것이다. 따라서 과학적 사회주의는 자본주의 사회에서 생산력이 충분히 발전한 후에야 공산주의 혁명이 가능하다고 보았다. 이런 설명 방식을 '경제주의' 혹은 '경제결정론'이라고 부른다.* 실증적positive, 즉 긍정적 태도는 통계학적 데이터에 반영된 경험적 사실을 곧이곧대로 의심하지 않고 무비판적으로 받아들이는 태도이다. 이 태도는 '사실 숭배'라는 비판을 받곤 한다. 19세기 후반에는 경제주의로 경도된

---

*카우츠키가 쓴 경제결정론의 대표적 강령인 에어푸르트 강령에는 다음과 같은 표현이 나온다. "우리는 기존 사회의 붕괴가 불가피하다고 믿는다. 왜냐하면 경제 발전은 피착취자들로 하여금 자연히 그리고 필연적으로 사적 소유와 싸우지 않을 수 없게 만드는 모순들을 낳는다는 것을 알기 때문이다. 우리는 경제적 발전이 기존 질서의 유지에 이해관계를 가지고 있는 착취자들의 수와 힘을 증대시킨다는 것, 그리고 궁극적으로 그것은 야만화나 기존의 소유 체계의 이완 혹은 전복 사이에서 선택할 수밖에 없게 만드는, 인민대중의 참을 수 없는 모순들을 초래한다는 사실을 알고 있다." 하일민, 『시민사회의 철학』, 208쪽에서 재인용.

마르크스주의자들 중에서도 이러한 사실 숭배의 태도를 취한 경우가 많았다.

사실 숭배와 단순한 인과론적 사고에 반발한 사상가들은 경제와 사회의 변화에 종교, 윤리, 문화 등이 미치는 다소 모호하고 포괄적인 영향력에 관심을 갖기 시작했다. 이들에 의해 여러 '사회과학들'과 구별되는 사회적인 것에 관한 학문이 성립되었다. 포괄적이며 다중 인과적인 설명*을 시도하는 '사회학sociology'이라는 분과학문이 탄생한 것이다. 사회학 성립에 있어 대표적인 인물로는 프랑스의 에밀 뒤르켐과 독일의 막스 베버가 있다. 이들은 각각 객관주의적인 기능주의 사회학과 주관주의적인 이해理解사회학의 대표자로 간주되곤 한다.** 하지만 이 대립은 사회학 안에서의 대립일 뿐이다. 뒤르켐과 베버는 둘 다 경제결정론과 실증주의가 가진 과도한 객관주의 편향을 배격함과 동시에 관념론 철학의 과도한 주관주의도 배격하고자 했다. 이들은 인간 외부의 물질적 질서가 사회를 지배하는 것도 아니고 인간 내부의 주관적 의지가 사회를 지배하는 것도 아니라고 보았다는 점에서 '사회학적'이다.

---

*단순 인과론 혹은 선형적 인과론(linear causality)이 하나의 원인과 하나의 결과 간의 필연적 연결을 강조한다면, 다중 인과론(multiple causality)은 여러 개의 원인들과 여러 개의 결과들 사이에 관점에 따라 달라지는 귀속관계를 인정한다.
**20세기 후반 영국의 대표적인 사회학자인 앤서니 기든스는 자신의 사회구성론을 제시할 때, 뒤르켐과 파슨스를 객관주의로, 베버를 주관주의로 규정하고, 이 양자를 극복하는 사회이론을 제시하고자 했다. 앤서니 기든스, 황명주 외 옮김, 『사회구성론』을 참조하라.

신체적 문제도 심리적 사실도 아닌 사회적 사실에 대한 탐구

뒤르켐은 그의 선구적인 저작 『자살론』을 통해 어떤 사태에 대한 사회학적 접근이 다른 학문의 접근과 어떻게 차별화되는지를 잘 보여주었다. 이 책에서 그는 자살의 원인을 자살한 사람의 신체적 문제나 심리적 사실에서 찾는 것이 아니라 '사회적 사실'에서 찾는다. 뒤르켐 이전에 자살은 도덕적 결단으로 간주되거나(로마의 세네카), 종교적 범죄로 간주되거나(기독교), 정신의학적 질환으로 간주되었다(근대). 뒤르켐은 자살의 육체적 요인이나 심리적 요인을 부정하지는 않았지만, 각 시기별, 집단별로 상이한 자살률을 근거로 들어 자살을 집단적 병리 현상의 하나로 보았고 그 사회적 요인을 탐구했다.

뒤르켐은 이 탐구의 결과로 자살을 네 가지 유형으로 분류한다. 통합 수준이 낮은 집단에서 발생하는 '이기적 자살'(구교도보다 신교도 자살률이 높음), 통합 수준이 너무 높은 집단에서 발생하는 '이타적 자살'(군인), 규제의 부재로 인해 개인이 자기 욕망을 규율하지 못해 무규범 상태에 빠져서 일어나는 '아노미적 자살'(상공 계층), 과도한 규제로 인해 절망에 빠져 일어나는 '숙명적 자살'(전통 사회에서 자녀가 없는 기혼 여성)이 그 네 가지이다.[74] 하지만 그는 네 번째 유형의 자살은 근대 사회에서는 거의 사라졌다고 보기 때문에 앞의 세 유형만 분석하고 그 혼합 유형들을 고찰한다. 이 세 유형 중 아노미적 자살과 이기적 자살은 유사하게 보이지만, 후자가 주로 지적 개인주의로부터 비롯되는 것이라면 전자는 분수를 모르는 과도한 욕망 추구로부터 비롯되는 것이다. 뒤르켐은 "이기적 자살은 주로 지적 직업을 가진 사람들, 즉 사색의 세계에서 주로 일어나며, 아노미 성 자살은 공업 및 상업의 세계에서 주로 일어난다"고 말한다.[75]

뒤르켐은 『사회학적 방법의 규칙들』이라는 저작에서 "사회적 사실을 사물처럼 생각하라"는 유명한 경구를 남긴다. 사회적 사실인 행위 양식, 사고 양식, 감정 양식 등은 "개인의 외부에 있을 뿐 아니라, 더욱이 힘을 가지며, 이러한 힘을 통해 개인의 의지와는 독립적으로 개인에게 그러한 양식을 부과한다."[76] 그런데 여기서 '외부성'과 '독립성'이라는 말은 사회적 사실이 개인의 의식들과 무관하게 존재한다는 것을 뜻하는 것이 아니다. 뒤르켐은 사회적 사실은 '집합 표상'으로서 사회화 과정에서 개인들의 무의식 속에 깊숙이 자리 잡고 있다고 본다. 그래서 사회적 사실은 개인이 마음대로 바꿀 수 없는 외재적 힘을 갖고 있지만, 그런 양식들이 개인을 자살과 같은 행동으로 내모는 일은 분명 개인의 의식 작용을 통해 이루어진다.[77]

뒤르켐이 사물처럼 생각하라고 한 사회적 사실은 마르크스적 의미에서의 '물질적 조건'이나 물리적 의미의 사물이 아니다. 그것은 뒤르켐의 표현으로는 '집단 심성', '집합 표상', '경향' 등 정신적인 성격을 갖는 것이지만, 개인의 의식에서 비롯되는 '개인 표상'이 아니라는 점에서 사회적인 것이다. 우리는 뒤르켐의 '집합 표상'을 '문화'라고 부를 수 있을 것이며, 뒤에서 다룰 루만의 표현으로는 '커뮤니케이션의 의미론'이라고 부를 수도 있을 것이다.

『자살론』에서 이미 근대적 개인주의라는 조건에서도 가능한 사회 통합 방안을 모색한 뒤르켐은 후기 저작들에서 '종교'에 관한 연구를 진행한다. 그는 사회를 상호작용하는 모임으로 간주하고, 이런 모임이 가능하기 위해서는 종교가 필수적이라고 본다. 뒤르켐에게 사회는 곧 종교이다. 그런데 여기서 종교는 신을 믿는 종교만을 뜻하는 것이 아니다. 종교는 한 집단이 신성한 것으로 여기는 것들, 집단의 연대를 고취시키고 집합적 열광으로 이끄는 것 모두를 뜻한다. 뒤르켐은 '조국', '프랑스 혁명', '잔다르크' 등을 종교의 예로 든다. 이러한 종교 또한 포괄적으로 보자면 문화의 범주에 들어간다고 볼 수 있다.

자본주의 정신에 대한 다중 인과론적 설명

베버의 종교사회학 논총 3부작 중 1부인 『프로테스탄티즘의 윤리와 자본주의 정신』은 그 제목에서부터 마르크스주의와 대비되는 발상을 보이고 있다. 자본주의를 '경제 체계'가 아닌 '정신'의 측면에서 고찰하겠다는 것이다. 베버는 이 저작에서 "특정한 종교적 신앙의 내용이 어떠한 '경제적 신념'이 발생하는 조건을 만드는지 또는 어떠한 경제 형태를 지배하는 '에토스'를 조건 짓는가를 구명하고자 시도"한다.[79] 세계의 다른 지역들과 달리 서구에서만 주지주의적 합리화가 이루어지고 자본주의 경제가 발전할 수 있었던 원인을 그 정신세계에 영향을 미친 프로테스탄티즘의 금욕주의 직업윤리로부터 찾는 것이다. 마르크스주의의 도식으로 보자면, 상부구조가 어떻게 토대에 영향을 미쳤는지를 탐구한 것이다.

그런데 베버가 마르크스주의의 경제결정론을 간단하게 뒤집어 종교결정론을 주장하고자 한 것은 결코 아니다. 그는 "경제 체계로서의 자본주의는 종교개혁의 산물이라는 등의 테제는 결코 옹호되어서는 안 된다"고 강조하면서, 훗날에 추가한 각주에서는 자신을 이런 식의 테제를 옹호한 자로 비방하는 당대의 분위기에 대해 억울함을 호소한다.[80] 그는 이 저작이 "인과관계의 단지 한 측면만이 추적"되는 저작이며, "포괄적인 문화 분석으로는 간주될 수 없다"고 말한다.[81]

베버는 이러한 추적의 과정에서 초기 프로테스탄티즘은 오히려 자본주의 정신 혹은 진보를 함축하고 있었던 것이 아님을 보여준다. 오히려 "근대적 삶의 모든 측면에 대해 초기의 프로테스탄티즘은 정면으로 적대적"이었다는 것이 베버의 연구 결과이다.[82] 그는 루터, 칼뱅 등 프로테스탄티즘의 주창자들의 의도와 무관하게 여러 프로테스탄트 분파들의 교리에 들어있는 요소들이 자본주의 정신과 '선택 친화력^{Wahlverwandtschaften}'*을 가졌다고 본다.

베버에 따르면, 세속적 '직업^{Beruf, calling}'을 하느님으로부터 받은 '소명'**으로 간주한 루터의 직업관, 그리고 세속에서 구원받을

---

*독일어 발페어반트샤프텐(Wahlverwandtschaften)을 풀어서 번역하면 '골라야 할 때 서로 닮은 면이 있어서 끌리게 마련인 관계'이다. 원래는 화학적 현상을 설명하는 단어인데, 괴테가 결혼한 부부가 각자 다른 파트너에게 끌리면서 일어나는 사랑 이야기를 그린 소설의 제목으로 쓰면서 인간관계나 사회 현상에도 쓰이게 되었다. 괴테 소설의 한국어판 제목은 『친화력』이다.
**직업을 뜻하는 독일어 단어 베루프(Beruf)나 흔히 쓰이진 않지만 다소 신성한 뉘앙스를 갖는 영어 단어 콜링(calling)은 모두 누군가의 부름을 받은 것, 즉 '소명'으로도 번역될 수 있다. 그래서 베버의 책 『직업으로서의 정치』의 한국어판 중에는 『소명으로서의 정치』라는 제목으로 번역된 것도 있다.

수 있는 길을 가로막았던 중세 수도원에서의 고립적 금욕이 아니라 일상적 삶에서의 금욕을 강조한 칼뱅주의 등은 그 자체로는 자본주의적 경제의 출발점을 형성한 것도 아니고 그것을 독려한 것도 아니다. 그런데 "세속에 의해서 혹은 세속을 위해서 이루어진 것이 아닌" 기독교적 금욕주의는 "세속적인 일상적 삶에 자신의 조직적인 방식을 침윤시키기 시작했으며, 그럼으로써 이 삶을 세속 안에서 합리적인 삶으로 변형시키기 시작"한다.[83] 그 결과로 17세기에 이르면 "진정 신을 위한 것이라면 너희는 부자가 되기 위해 노동해도 좋다"는 박스터의 교리가 나온다.[84] 그리고 근면한 직업 노동의 강조, 이윤 추구의 합법화, 부의 비합리적 사용 배격 등은 자본 형성을 촉진하게 된다. 그리고 이로 인해 카톨릭 신자들보다 프로테스탄트 신자들이 전문 경영자가 되는 비율이 높아졌다. 그런데 이 저작의 말미에서 베버는 자본주의가 승리를 거둬 자기 스스로 존립할 수 있게 된 후에는 자본주의 정신의 시작점이었던 기독교적 금욕주의 정신이나 직업 의무 사상이 사라져버렸다고 진단한다.[85] 이 진단을 통해 우리는 선택 친화력을 갖는 정신은 자본주의 경제 체계의 필연적 요소가 아님을 확인할 수 있다.

프로테스탄티즘의 윤리와 자본주의 경제 사이의 관계에 대한 베버의 설명은 경제주의나 실증주의의 단순 인과론적 설명과는 매우 다른 방식의 다중 인과론적 설명이라고 볼 수 있다. 그리고 행위자의 의도와 무관한 결과를 보여준다는 점에서 사회적인 것의 독자성을 입증한 연구라고 평가할 수 있다. 이는 베버가 방법론에 있어 행위자의 의도와 이해를 중시한 이해사회학의 대표자이긴 하지만 결코 단순한 주관주의자로 간주될 수 없는 이유이기도 하다.

탈주술화, 합리화, 가치 다신교

베버는 자신의 또 하나의 대기획인 『경제와 사회』 5부작을 통해서도 경제와 사회, 법과 사회, 정치와 사회 등이 어떻게 복잡하고 다중적인 인과관계 속에서 변화하는지를 보여주었다. 그리고 베버는 자신의 이러한 사회과학이 '문화과학^{Kulturwissenschaften}'의 일부라고 말했다. 그의 관점에서 볼 때, 사회는 문화의 일부인 것이다.

베버는 때로 유럽중심주의자로 공격받기도 하지만 '근대화^{modernization}'를 설명하기 위한 그의 표현들은 서구에서 시작되어 전 세계로 확산된 역사적 변화에 대한 고전적 명제로 자리잡았다. 프랑크푸르트학파를 비롯한 20세기의 여러 사회철학 조류에 큰 영향을 미친 그의 명제를 몇 가지 살펴보고 넘어가자.

베버는 근대의 학문적 진보를 '주지주의적 합리화' 과정으로 이해했다. 이때 합리화란 근대인이 자신의 생활 조건에 대해 더 많은 지식을 갖고 있다는 뜻이 아니다. 그런 의미에서라면 우리는 원시인들보다 더 무지하다. 우리는 신뢰할만한 전문 지식인의 도움을 받을 수 있을 뿐이다. 그래서 베버는 주지주의적 합리화의 뜻이 "우리가 원하기만 한다면 언제라도 우리의 삶의 조건들에 대한 지식을 얻을 수 있다는 것, 따라서 우리의 삶에서 작용하는 어떤 힘들도 원래 신비스럽고 예측할 수 없는 힘들이 아니라는 것, 오히려 모든 사물은—원칙적으로는—계산을 통해 지배될 수 있다는 것을 우리가 알고 있거나 또는 그렇게 믿고 있다는 것"이라고 말한다.[86] 그리고 이러한 계산 가능성은 '세계의 탈주술화', 즉 더 이상 신비하고 예측할 수 없는 힘의 존재를 믿지 않는 것과 연결된다.

베버는 탈주술화된 세계에서는 궁극적 의미를 추구하는 것은 불가능하다고 본다. 그래서 그는 전제 없는 학문, 진정한 학문 등에 대해 묻는 것은 무의하다고 보며, 마찬가지로 진정한 존재로의 길, 진정한 예술로의 길, 진정한 행복으로의 길 따위를 찾는 일도 쓸데 없는 일이라고 본다. 베버에 따르면, 학문은 근대의 다른 모든 직업들과 마찬가지로 하나의 직업일 뿐이며 이 세계의 의미에 대해 답할 수 있는 것이 아니다. 이러한 '세계의 의미 상실'은 의미를 부여해왔던 신의 죽음으로 인한 것이다. 그래서 베버의 의미 상실 명제는 니체의 영향을 받은 것이라는 평가를 받는다.

신이 죽고 세계의 궁극적 의미는 상실되었지만 학자는 나름의 가치로서 진리를 추구하고 예술가는 나름의 가치로서 아름다움을 추구하며 종교인은 나름의 가치로서 신성한 것을 추구한다. 베버는 이러한 근대의 분화된 가치 질서를 '가치 다신교'라고 표현한다. "어떤 것은 그것이 아름답지 않음에도 불구하고 신성할 수 있을 뿐 아니라, 또 그것이 아름답지 않기 때문에, 그리고 그것이 아름답지 않은 한에서, 신성할 수 있다는 것"을 근대인은 받아들여야 한다.[87] 근대 이전에는 모든 공주가 아름다워야 했고 모든 성인이 지혜로워야 했고 모든 철학자는 도덕적으로 탁월해야 했다. 이제 가치 다신교의 시대를 살아가는 우리는 추하게 생긴 위인이 있을 수 있고, 천

박한 행동을 하는 과학자가 있을 수 있고, 과학적 진리에 반대되는 설교를 하는 성자가 있을 수 있다는 점을 받아들인다. 진리眞, 좋음善, 아름다움美, 성스러움聖 사이의 연쇄가 끊어졌기 때문이다.

베버의 가치 다신교, 뒤르켐의 분업론 등 초기 사회학자들의 통찰은 20세기에 파슨스와 루만을 거치면서 '기능적 분화' 이론으로 발전한다. 현대 사회는 각각 자율적인 기능과 코드를 갖고 있는 기능체계들인 정치, 법, 경제, 학문, 교육, 예술, 종교 등으로 분화되어 있다는 것이다.

정치사회도 경제적 토대도 아닌 시민사회 개념 등장

헤겔에 이르기까지 사회는 주로 '시민사회'로 표현되었고, 그 의미는 정치사회에서 경제사회로 바뀌었다. 사회학의 시대를 거치면서, 그리고 여론의 영향을 받는 대의정치가 정착되고 대중문화가 꽃을 피우면서, 시민사회의 의미도 또 한 번 변화했다. 시민사회는 이제 정치사회도 경제사회도 아닌 제3영역을 지칭하는 것으로 점차 그 의미가 바뀌어갔다.

20세기에 시민사회 개념의 의미 변화에 큰 영향을 미친 사람은 안토니오 그람시이다. 그는 러시아 혁명 이후 서유럽의 독창적인 마르크스주의 이론을 발전시켜 '유로코뮤니즘'의 대표자로 불린다. 그람시는 러시아 혁명이 '마르크스의 『자본』에 반하는 혁명'이라고 생각했다. 다시 말해 혁명을 위한 객관적 조건이 성숙하지 않았는데도 혁명이 일어난 것이다. 반면, 서유럽에서는 그런 조건이 성숙했음에도 혁명이 일어나지 않은 이유는 무엇일까? 이 물음에 대해 그람시는, 토대가 상부구조를 기계적으로 결정한다고 보았던 경제결정론을 기각하고 토대와 상부구조가 하나의 '역사적 블록'을 형성한다는 견해를 내놓았다. 이 견해에 따르면 토대는 한 계급이 상부구조에서 헤게모니를 획득하기 위한 수단으로 이해된다. 자본주의 경제에서 생산력 발전으로 혁명적 계급인 프롤레타리아트가 성장하긴 하지만, 그 계급이 이 토대를 수단으로 하여 이데올로기적 영역에서 부르주아지의 헤게모니를 빼앗지 못한다면 수단은 그저 수단에 머물고 만다는 것이다.

그람시는 정치적 통제의 두 가지 기본 유형을 구분하기 위해 '지배domination'의 기능과 '헤게모니hegemony' 또는 '지도direction'의 기능을 대별한다.[88] 여기서 지배는 직접적이고 물리적인 억압이고, 헤게모니는 동의를 기초로 한 이데올로기적 통제이다. 그래서 특정 계급의 헤게모니가 관철될 때 그 계급의 이데올로기는 일종의 상식으로 자리 잡는다. 예를 들어 '누구나 열심히 일하면 성공한다'는 근면과 성공의 이데올로기는 자본주의 경제의 성장기에는 상식으로 통한다.

또한 그람시는 헤게모니 기구로서의 시민사회 개념을 마르크스주의에 도입한다. 그람시에게 시민사회란 국가와 구별되지만 그렇다고 경제적 토대로 간주될 수도 없는 곳이다. 그는 상부구조를 시민사회와 정치사회의 두 가지로 구분한다. 그 중 시민사회는 사적 조직체들의 총체이며 지배계급이 사회 전체에 헤게모니를 행사하거나 지도하는 곳이다. 대표적인 조직들로는 교회, 학교, 언론, 군대, 법정이 있다. 그리고 정치사회는 사법과 행정기관을 통해 사회를 지배하거나 명령을 내리는 곳이다.

서유럽에서 객관적 조건이 성숙했음에도 왜 혁명이 일어나지 않는가에 대한 그람시의 답변은 프롤레타리아트가 지도적 계급이 되지 못했기 때문이다. 다시 말해 노동자계급이 상부구조에서 헤게모니를 획득하지 못했기 때문이라는 것이다. 그람시는 서유럽의 부르주아지가 경제적, 정치적 위기를 수동적 혁명의 제도화로 극복했다고 평가한다. 즉 프랑스 혁명과 같은 능동적 혁명에 대한 공포로 자신들의 계급적 이익을 양보해 사회 구성원들의 폭넓은 동의를 획득했다는 것이다. 그래서 그람시는 서유럽에서 프롤레타리아트가 권력을 잡기 위해선 먼저 지도할 수 있어야 한다고 본다. 지도할 수 있어야 지배할 수 있고, 지배를 유지하려면 지도할 수 있어야 한다는 것이다. 서유럽의 조건에서 그는 러시아처럼 국가권력을 직접 공격해 권력을 탈취하는 '기동전war of movement'은 불가능하다고 보며, 프롤레타리아트의 헤게모니를 관철시켜 새로운 역사적 블록을 만들어내는 과정인 '진지전war of position'이 필요하다고 말한다.

18세기까지는 정치사회와 동일시되었고 19세기에는 경제사회와 동일시되었던 시민사회 개념은 그람시가 이를 경제적 토대로부터 떼어내면서 점차 새로운 의미를 획득하게 된다. 시민사회의 의미는 정치 및 경제와 구별되는 제3영역, 강압적 국가기구나 독점적 시장경제와는 구별되며 좀 더 자율적인 경쟁과 설득이 가능한 장을 칭하는 말로 바뀌게 되고, 20세기 후반에 오면 위르겐 하버마스에 의해 새롭게 정식화되기에 이른다.

문화라는 괴물에 대한 비판

문화는 참으로 모호한 개념이다. 좁게는 '문화예술'의 의미로 쓰이고, 조금 더 넓게는 정치, 경제와 구별되는 제3영역을 뜻하는 말로도 쓰인다. 가장 넓게는 정치와 경제는 물론 사회 자체까지 포괄하는 말, 즉 인성과 사회를 포괄하는 말로도 쓰인다. 19세기 말과 20세기 초, 사회학이 발전하고 서유럽 마르크스주의가 독자적으로 전개되던 과정에서 연구된 영역들을 이렇듯 모호한 '문화' 영역으로 부를 수 있다.

20세기 전반기에 문화는 '대중문화'라는 좀 더 제한된 표현으로 널리 쓰이기 시작하였고, 경제와 결합되어 '문화산업'으로 불리기도 했다. 대중매체를 잘 활용했던 파시즘의 광풍과 문화산업이 발전한 미국 자본주의의 눈부신 성장은 문화 역시 괴물이 될 수 있다는 것을 보여주었다.

독일에서 파시즘의 탄압을 피해 미국으로 망명한 사회철학자들의 집단인 프랑크푸르트학파는 파시즘의 뛰어난 선전선동 기술에 현혹된 유럽의 군중에 대해, 그리고 문화산업이 조장하는 소비주의와 허위 욕망에 빠져 현실을 망각하는 미국의 대중에 대해 모두 비판적인 시각을 견지했다. 이 학파에 큰 영향을 끼친 사람은 헝가리 출신의 마르크스주의 문예이론가 죄르지 루카치이다. 루카치는 일찍이 1920년대에 노동자들의 이러한 의식을 "물화된 의식"이라고 비판했다. 고유한 질을 무시하고 모든 것을 양적으로 계산 가능한 사물로 간주하는 의식이 물화된 의식이다. 우리가 오늘날 흔히 볼 수 있는 사례로는 인간을 컴퓨터 부품처럼 스펙으로 분류하는 것이 대표적이다.

물화에 대한 비판을 이어받은 프랑크푸르트학파 1세대 대표 이론가인 막스 호르크하이머와 테오도르 아도르노는 "동일시하는 사유"를 비판하고 끊임없는 "부정의 부정"으로서의 변증법을 강조한다. 그래서 그들은 인간의 부정적 사유 능력을 퇴화시키는 사실 숭배의 실증주의와 대중을 동일한 취향의 문화 소비자로 전락시키는 문화산업을 비판한다. 그리고 그에 대한 대안으로 철학을 통한 '부정적 사유'의 회복과 '진정한 예술작품'의 창작을 호소한다.

쉽게 말하자면, 호르크하이머와 아도르노는 괴벨스가 만든 광고와 히틀러의 연설에 흥분하여 폭력과 전쟁에 자발적으로 나서는 (독일의) 군중, 그리고 TV와 영화에서 미키마우스와 마릴린 먼로를 보면서 현실을 망각하고 소비에 열중하는 (미국의) 대중이 모두 문화적 괴물에 사로잡혀 있다고 보았다. 그리고 여론조사 결과를 비롯한 통계학적 데이터를 의심하고 그 데이터를 가능하게 한 조건을 분석하는 비판적 지성과 무조음악을 창시한 작곡가 쇤베르크와 같은 아방가르드 예술에서 희망을 찾고자 했다. 마르크스주의 전통의 흐름에 있던 비판이론도 이제는 더 이상 경제적 토대를 변혁하기 위한 운동에만 몰두하지 않고, 문화비판, 즉 새로운 괴물에 대한 비판을 주요한 과제로 삼게 된 것이다.

6장

사회라는 괴물에 맞서
정치라는 인간 공동세계를
회복하자

한나 아렌트, 마이클 샌델

행위는 사물이나 물질의 매개 없이 인간들 간에
직접 이루어지는 유일한 활동이다.
행위는 다수성이라는 인간적 조건에 상응하며,
한 인간(Man)이 아닌 다수의 인간들(men)이 지상에서 살아가며
세계에 거주한다는 사실에 상응한다.
인간적 조건의 모든 측면들이 어느 정도 정치와 관계를 맺지만,
이 다수성은 특별히
모든 정치적 삶의 조건이다. (…) 우리는 모두 동일하되,
즉 인간이되, 누구도 이제껏 살았고 살고 있으며
살아갈 다른 누구와도 동일하지 않은 방식으로
동일한 인간이기 때문에, 다수성은 인간적 행위의 조건이다.

— 한나 아렌트, 『인간의 조건』[89]

친구 없이 보편적인 친화적 성향만 갖고 있을 만큼
고결한 인간들이 사는 세계를 상상하기는 어렵다.
문제는 단지 그러한 세계를 실현하기 어렵다는 것이 아니라
그러한 세계를 인간적 세계로 인정하기 어렵다는 것이다.
인류애는 고귀한 감정이지만,
우리는 평생의 대부분을 인류애보다 작은 연대 속에서 지낸다.

— 마이클 샌델, 『민주주의의 불만』[90]

근대적 소유 관념과 사회적인 것에 대한 비판

마르크스 이후 현대 사회를 비판하는 주된 흐름은 '자본주의'라는 괴물에 대한 공격이었다. 근본적인 혁명을 지향하건 부분적 개혁을 추구하건 간에 사회 비판가들은 대체로 '사적' 소유에 맞서 '사회적' 소유를 옹호했고 경제에 대한 '사회적' 통제를 주장했다. 물론 이 '사회적social'이라는 수식어의 의미는 모호하다. 어떤 사람들은 이 말을 '국가에 의한'이란 뜻으로 이해했고, 어떤 사람들은 '평의회(소비에트)에 의한'으로 이해했으며, 또 어떤 사람들은 '자유인의 연합에 의한'이나 '시민사회에 의한'으로 이해했다. '사회적'이란 말에 대한 이러한 이해의 차이는 20세기 정치에서 서로를 죽이고 탄압하는 등 커다란 갈등과 대립을 낳기도 했지만* 이들 모두를 '사회주의자socialist'라고 부르는 데는 큰 무리가 없을 것이다.

그런데 자본주의에 대해 비판적인 동시에 '사회적인 것'에 대해서도 비판적인 예외적 인물이 있으니 그**가 한나 아렌트이다. 아렌트는 유대계 독일인으로 학생 시절 실존철학의 대표자인 마르틴 하이데거의 제자이자 한때 애인이었으며, 역시 실존철학자인 칼 야

---

*19세기 후반 국가권력 쟁취 여부를 둘러싼 사회민주주의자들과 아나키스트들의 갈등, 20세기 초 1차 대전에서 자기 나라 부르주아지의 승리를 뒷받침하려 한 사회민주주의자들과 그들로부터 떨어져 나와 독자적인 국제 세력을 형성한 공산주의자들의 갈등, 20세기 초중반 공산주의 혁명과 국가 수립 과정에서 이루어진 사회민주주의자들과 아나키스트들에 대한 탄압 등을 예로 들 수 있다.
**필자는 여성 인물에 대해 '그녀'라는 대명사를 쓴다면 남성 인물에 대해서는 '그남'이라는 대명사를 써야 한다고 생각한다. 그런데 사람들이 '그남'을 널리 쓸 가능성은 별로 없어 보이며, 그녀도 그남도 아닌 성적 정체성을 가진 사람들도 있으므로, 인물에 대한 대명사를 '그'로 통일하여 쓰겠다.

스퍼스의 지도로 박사학위를 받았다. 스승인 하이데거가 대학에서 나치를 지지하는 활동을 한 데 반해, 제자인 아렌트는 나치를 피해 1933년 프랑스로 망명했다. 그리고 1941년 다시 미국으로 망명하여 『전체주의의 기원』, 『인간의 조건』, 『혁명론』, 『예루살렘의 아이히만』 등 오늘날에도 널리 읽히는 책들을 썼다.

아렌트는 사적 소유를 옹호하는 자유주의자이건 사적 소유의 폐지를 주장하는 사회주의자이건, 근대 사상가들은 모두 소유의 본래적 의미를 제대로 이해하지 못했다고 비판한다. 그는 "원래 소유란 세계의 특정한 부분에 자신의 자리를 가지며, 따라서 정치체에 속하는 것, 즉 공적 영역을 함께 구성했던 가족들 중 하나의 가장이 되는 것을 뜻하는 것에 다름 아니었다"고 말한다.[91] 원래 사적 소유는 신성한 것이었으나 근대인들은 소유property와 부wealth를 동일시하고 무소유와 빈곤을 동일시함으로써 사적 생활의 신성함을 파괴해버렸다는 것이다. 이것이 근대적 소유 관념에 대한 아렌트의 비판이다. 그에 따르면, 고대 그리스에서는 외국인과 노예가 부유하다고해서 그들이 가진 부가 소유를 대신할 수 없었고, 가장이 가난하다고 해서 시민권을 박탈당하지 않았다.

아렌트에 따르면, 고대 사회에서 노동labor과 작업work이 이루어지는 필연성의 영역인 사적 영역은 행위action가 이루어지는 자유의 영역인 공적 영역을 가능하게 하는 기반이다. 또한 사적 영역은 인간의 탄생과 죽음의 영역인 반면, 공적 영역은 개인의 죽음을 넘어선 영속성의 영역이다. 사적 영역은 공적 영역에서 감추어져야 하며, 둘 사이에는 분명한 경계가 있어야 하는 것이다. 따라서 사적 영역인 소유의 문제는 공적 영역의 전제조건일 뿐 그 의제가 될 수 없다. 그런데 아렌트가 보기에 근대인들은 소유를 공적 영역의 중요한 의제로 만들어버렸다. 공적 영역과 사적 영역의 경계 혹은 담이 무너져 내리고 만 것이다.

아렌트는 이렇게 담이 무너지면서 탄생한 학문이 가정의 문제를 공론화하는 정치경제학political economy이라고 말한다. 정치politics의 어원이 폴리스polis이고 경제economy의 어원이 오이코스oikos임을 감안한다면, 그리고 고대 그리스에서 폴리스와 오이코스는 뚜렷이 구별되는 영역을 뜻했다는 점을 염두에 두면, 정치경제학political economy은 그 단어 자체로 공과 사를 나누었던 경계가 사라졌음을 보여준다. 아렌트는 19세기식 용어법에 따라 정치경제학의 영역을 곧 '사회적인 것'으로 간주한다.*

아렌트에 따르면, '사회의 등장'으로 인해 공적 영역은 소멸하게 되었으며, 이것은 사적 영역의 제거로 이어졌다. "가계의 그늘진 내부로부터 공적 영역의 빛을 향해 사회가 부상함으로써—가정 유지와 그것의 활동, 문제, 조직 도구들의 부상—이 사적인 것과 정치적인 것의 오래된 경계선을 희미하게" 만들었기 때문이다.[92] 이제 사적 영역은 보호받지 못하게 되었으며 공론의 주제가 되어버렸다. 그래서 근대인들은 공적 영역과 구별되었던 본래의 사적 영역 대신

---

*하버마스를 다루는 7장에서 보겠지만, 20세기 중반부터 '사회적'은 '시민사회' 개념의 변화와 함께 정치도 경제도 아닌 제3영역을 가리키는 말로 쓰이고 있다. 요즘 한국에서도 널리 쓰이는 '사회적 경제', '사회적 기업' 등의 표현에서 '사회적'은 더 이상 정치경제학의 영역이 아니라 아래로부터 형성된 공공 영역을 뜻한다.

사회적 영역과 구별되는 새로운 사적인 것을 추구하게 된다. 아렌트는 그것을 자기 자신만의 사생활privacy 혹은 친밀성intimacy의 영역이라고 부른다.[93]

공동의 것이자 열린 것으로서의 공적인 것

오늘날 우리가 사용하는 '공public'과 '사private'의 구별법은 참으로 모호하다. '공'이 국가행정으로 간주될 때는 기업이나 비정부단체들이 '사'로 간주된다. 반면에 기업 내부의 관계에서 개별 직원이 '사'라면 그 기업 자체는 '공'이 된다. 그리고 '사'로 간주되는 가정이나 친구 관계와 비교해보면 기업에서의 모든 일이 '공'이다. 가정 안으로 들어가 보면 부모와의 관계를 '공'이라고 부르지는 않지만 내 방과 내 책상은 프라이버시의 영역, 즉 '사'의 영역이다. 이렇듯 공/사는 매우 상대적인 개념으로 쓰이기 때문에 오늘날 우리는 '공적인 것'을 정의해보려는 시도를 별로 하지 않는다. 하지만 현실은 공공公共적이지 않은—공동의 것도 아니며 열려 있지도 않은—거대 조직들의 명령이 '공'의 이름으로 개인의 행위를 억압하는 일이 비일비재하다. 이러한 현실을 비판하기 위해서라도 우리는 '공적인 것'의 참된 의미에 대해 고민해볼 필요가 있다. 그래서 그리스적 기원으로부터 다시 공적인 것을 규정하고자 했던 아렌트의 시도는 주목할 만하다.

아렌트는 '공적public'이라는 용어가 뜻하는 두 가지 현상을 다음과 같이 규정한다. 첫째, 공적인 것은 "공중public 속에서 나타나는 모든 것이 모두에 의해 보일 수 있고 들릴 수 있으며 매우 널리 알려질 수 있다는 것"을 뜻한다.[94] 둘째, 공적인 것은 "우리 모두에게 있어 공동의 것common이며 우리가 그 속에서 사적으로 소유한 장소와 구별된다는 점에서 세계 그 자체"를 뜻한다.[95] 그리고 아렌트는 이런 세계 안에서 함께 산다는 것은 우리가 탁자에 둘러앉아 있는 것처럼 서로 관계를 맺는 동시에 서로의 독자성을 유지하는 것이라는 말을 덧붙인다.

우리는 오늘날 공권력의 결정에 따르라고 강요하면서도 그 결정 과정과 그 과정에서 수집된 정보에 대한 공개를 거부하는 일, 함께 둘러앉아 토론하는 과정 없이 다수결로 밀어붙이는 일, 공공시설이라는 문패를 걸고서 시설물 보호 등을 핑계로 그 문을 걸어 잠그는 일 등을 흔히 볼 수 있다. 아렌트의 공공성 개념은 이런 왜곡된 공공 행정에 대한 비판의 무기가 될 수 있다.

인간의 조건에 상응하는 세 가지 활동

아렌트는 '활동적 삶Vita Activa'이 가능하기 위해서는 인간이 지상에서 살아가는 기본 조건들에 해당하는 세 가지 기본 활동이 이루어져야 한다고 말한다. 그 세 가지 활동은 노동, 작업, 행위이며, 그 각각은 서로 다른 '인간의 조건human condition'에 상응한다. 그렇다면 이 세 가지 기본 활동의 차이는 무엇일까?

우선 노동은 '생명'이라는 인간의 조건에 상응하는 활동, 즉

"인간 신체의 생물학적 과정에 상응하는 활동"이다. 그리고 "노동에 의해 생산되어 생명 과정에 공급되는 생활필수품"을 제공한다. 다음으로 작업은 "인간 실존의 비자연적 측면", 즉 '인공적 세계'에 상응하는 활동이다. 작업은 개별 인간의 생명 주기를 넘어설 수 있는 활동, 즉 오래도록 쓰일 도구를 제작하거나 예술 작품을 창조하는 활동이다. 마지막으로 아렌트가 사회적인 것이 부상한 근대 사회에서 위기에 처했다고 보는 활동인 행위는 "사물이나 물질의 매개 없이 인간들 간에 직접 이루어지는 유일한 활동"이다. 행위에 상응하는 인간적 조건은 "다수성", 즉 수많은 인간들이 지상에서 함께 살아간다는 것이다. 그리고 이것이야말로 정치적 삶의 조건이다.[96]

아렌트가 볼 때, 중세에는 '관조적 삶', 즉 혼자 사유하고 명상하는 수도자의 삶이 '활동적 삶'을 대체해버렸다. 그래서 인간의 조건의 한 축에 상응하는 활동인 행위와 정치적인 삶이 위축되었다. 근대에 들어서자 관조적 삶은 비판의 대상이 되었지만 관조에 맞서 강조된 활동은 노동에 국한되었다. 근대는 인간을 '노동하는 동물'로 만들어버린 것이다. 마르크스도 특유의 유물론적 세계관으로 여기에 기여한 인물이다. 아렌트는 한편으로는 중세 이래의—형이상학으로 대표되는—관조적 삶을 비판하면서, 다른 한편으로는 노동과 작업을 중심으로 인간의 활동적 삶을 회복하고자 한 마르크스의 시도가 인간의 조건 중 하나인 다수성을 고려하지 않았다고 비판한다. 아렌트에 따르면, 행위는 정치적인 것이며 공적 영역에서 다수의 사람들이 서로 다른 입장을 유지한 채 언어로 진행하는 인간의 조건의 하나이다. 그런데 마르크스는 관조와 행위의 대립에 주목하지 않고 관조와 노동을 대립시켜버림으로써 활동적 삶을 왜곡했다는 것이다.

　이제 인간 삶에서 정치적 행위가 실종되고 이로 인해 공적 영역이 사회적인 것으로 흡수되었다. 사적 영역에서는 진정한 소유를 잃어버렸고 친밀성이 그 자리를 채워 세계에 대한 소외가 나타났다. 이것이 아렌트가 대결하고자 한 근대의 모습이다. 아렌트는 '세계' 란 서로 다른 입장을 가진 사람들이 언어와 행위를 통해 만들어내는 것이라고 보았다. 따라서 신에 대한 사랑과 만인에 대한 자애가 정치적 행위를 대체해버린 기독교 공동체는 무세계적인 것이었다고 말한다. 반면 사회적인 것이 지배하게 된 근대는 세계 소외의 시대이다.[97] 이런 맥락에서 아렌트는 아리스토텔레스의 명제인 "인간은 자연 본성상 폴리스적 동물"이란 말이 중세에 "정치적 동물 또는 사회적 동물"로 번역된 것은 중세인들이 폴리스적 정치를 제대로 이해하지 못했기 때문이라고 말한다.[98] 아렌트의 관점에서 보면, 인간이 정치적 동물이 아닌 사회적 동물이 되어버린 것은 세계를 상실했기 때문이다.

괴물에 맞서 정치적인 것을 회복할 수 있을까?

『인간의 조건』에서 표현된 아렌트의 사회 비판을 종합해보면, 그의 주장은 '사회라는 괴물에 맞서 정치적인 것을 회복하자'로 요약할 수 있다. 그런데 이 때 정치적인 것은 리바이어던과 같은 근대적 주권자의 영역이 아니다. 아렌트에게 정치적인 것은 다수의 인간들이 서로 간의 차이를 기반으로 토론하는 것을 뜻한다. 그리고 그것은 합의나 계약과 같은 결과를 낳는 게 중요한 것이 아니라 행위의 과정 그 자체가 중요한 것이다. 이러한 정치적 행위가 이루어진 원형적 장소는 폴리스이다. 따라서 우리는 아렌트가 상당히 고대 지향적이라는 점을 알 수 있다. 그것도 폴리스에서의 행위에 대한 개인적 관조의 우위를 주장하기 시작한 소크라테스학파(플라톤과 아리스토텔레스) 이전의 그리스, 즉 오이코스에서의 소유를 기반으로 다수의 시민들이 자유롭게 토론하던 폴리스의 전성기를 모델로 삼고 있다. 그래서 아렌트는 활동적 삶을 관조적 삶으로 만들어버린 중세 철학과 폴리스에서의 우애philia를 하느님에 대한 사랑과 만인에 대한 자애caritas로 대체해버린 기독교에 의해 공적 영역과 인간의 공동 세계가 무너지기 시작했다고 봤다. 그리고 근대는 소유를 공론화함으로써 공적 영역과 사적 영역의 담까지 무너뜨렸다고 봤다.

그런데 『인간의 조건』을 읽다보면 과연 현대 사회에서 이러한 정치적 행위가 가능한 공적 영역이 존재할 수 있을까 하는 의문이 든다. 고대 폴리스는 규모가 큰 경우에도 시민의 수가 수천 명에 불과했다. 이렇게 작은 폴리스에서 실현되었던 정치 모델을 어떻게 오늘날의 복잡하고 익명적인 거대 사회에 적용할 수 있을까? 이에 대해 아렌트는 미국 독립 혁명을 하나의 모범으로 제시한다. 아렌트는 프랑스 혁명에 비해 상대적으로 주목받지 못했던 미국 혁명의 전통을 높이 평가하는데, 그 외에도 여러 혁명들의 초기에 나타났다가 사라져버린 평의회들에 주목함으로써 그가 지향하는 정치의 상을

직간접적으로 드러낸다. 빈곤의 문제 혹은 사회의 문제로부터 벗어
난 공적 자유의 확립, 카운티와 구 등의 여러 작은 지역 단위의 공론
장, 대표하는 정당들이 아닌 자발적 참여에 의한 평의회, 여러 층위
로 이루어진 공동체들의 연방제, 대법원과 상원에 의한 건국 정신의
유지 등이 오늘날 잃어버린 혁명 전통의 보고寶庫라고 아렌트는 말
한다. 그리고 이러한 견해는 20세기 말에 미국 건국기를 재평가하면
서 분권화를 주장하는 공동체주의 철학자 마이클 샌델의 견해와도
비슷하다. 20세기 말의 공화주의 혹은 공동체주의 입장에 선 철학자
들은 아리스토텔레스의 덕 윤리를 부활시키고자 하는 등 고대적 전
통을 주목한다는 점에서 아렌트와 공통점을 갖는다. 이번 장 후반부
에서는 아렌트가 미국 혁명을 재평가한 『혁명론On Revolution』을 살펴
본 후 샌델의 정치철학과 비교해보자.

미국 혁명과 프랑스 혁명에 대한 아렌트의 평가

시민혁명을 대표하는 슬로건인 '자유, 평등, 박애', 보편적 인권 사
상의 기원으로 간주되는 『인간과 시민의 권리에 대한 선언』, 그리고
『레 미제라블』을 비롯한 수많은 문학작품의 영향력을 통해 알 수 있
듯이, 프랑스 혁명은 오늘날 우리가 알고 있는 근대 세계를 만든 대
표적인 혁명으로 평가받고 있다. 그에 반해 이 혁명보다 앞서 일어
난 미국의 독립과 건국은 미국 역사에서만 그 의의를 평가받고 있으
며, 프랑스 혁명이나 러시아 혁명과 비교해 심지어 '혁명'이라고 인

식되지 않기도 한다.

그런데 아렌트는 프랑스 혁명이 가난한 자들이 정치 무대에 등
장함으로써 "필연성, 생존 과정 자체의 절박성 때문에 자유를 포기
해야만" 했던 혁명이자 빈곤과 필요의 문제를 해결하지 못해 실패
한 혁명이라고 평가한다.[99] 그리고 그 이후에 벌어진 유럽의 혁명운
동들도 대부분 사회의 문제, 즉 먹고 사는 문제를 해결하는데 집중
했고, 그로 인해 공적 자유의 실현과는 거리가 멀어졌다.

그에 반해 미국에서는 빈곤의 곤경이 없었다. 그곳의 근면한 자
들은 "필요의 절박함으로 찌들지 않았고, 혁명이 그들에 의해 압도
되지도 않았다."[100] 그래서 미국 혁명에서 제기된 문제는 사회적인
것이 아니라 정치적인 것이었으며, 혁명의 방향은 "자유를 확립하
고 지속적인 제도들을 설립하는 데 집중"되었다.[101] 아렌트는 모든
혁명의 최대 사건이 "건국 행위", 즉 "새로운 정치체를 건설하고,
새로운 정부 형태를 고안하는 행위"라고 보며, 이 일을 통해 사람들
이 갖게 되는 경험을 "인간의 시작 능력에 대한 상쾌한 자각, 새로
운 것의 탄생에 항상 수반되는 상쾌한 기분"이라고 말한다.[102] 아렌
트가 보기에, 미국에서 인민은 무한한 다양성이라는 의미에서의 다
수성을 뜻했다. 프랑스 혁명의 주요한 이념이었던 루소주의의 '만장
일치'를 잠재적으로 거부한 미국인들은 마을 집회에 참가하는 등 공
공 업무에 참여하는 데서 행복감을 얻었다.

프랑스 혁명과 미국 혁명에 대한 아렌트의 평가를 그가 『인간
의 조건』에서 구분한 활동들(노동, 작업, 행위)과 연결 지어 설명해보
자면, 그는 '노동'에 긴박된 혁명의 실패와 '행위'의 자유를 실현한

혁명의 성공을 대비시키고 있다고 볼 수 있다. 그런데 아렌트는 미국에 빈곤의 곤경이 없었던 비밀이 "흑인 노예"의 존재임을 잘 알고 있음에도 이에 관해 더 깊이 논의하지 않는다.[103] 먹고 사는 문제를 고민하며 살아가는 많은 사람들에게 떠오를 수밖에 없는 의문, 즉 빈곤 문제 혹은 사회의 문제를 정치에서 배제한다면 이 문제들을 그냥 방치하란 말인가 하는 의문에 대해 어디에서도 답하지 않는다.

우리에게 익숙한 근대 정치의 상식을 거부하는 이러한 태도는 그가 여론의 지배, 다수의 이익, 민주주의, 정당 정치 등을 비판하는 데서도 드러난다.

아렌트는 "여론의 지배"와 "의견의 자유"가 양립 불가능하다고 본 미국 건국 선조들의 통찰을 높게 평가하면서 "민주주의는 건국 선조들에게 새롭게 유행하는 전제정의 형태일 뿐"이었다고 말한다.[104] 아렌트는 다수의 의견 혹은 이익의 다수성을 따라 만장일치의 정념에 휩쓸리기 쉬운 민주주의에 맞서 의견의 자유를 보장할 방법이 필요하다고 본다. 그래서 그는 하원과 구별되는 상원 제도를 높이 평가한다. 하원이 다수의 이익을 대변하는 제도라면 상원은 의견의 다양성을 보장하는 제도다. "의견들은 결코 집단에 속하는 것이 아니라 '이성을 냉정하고 자유롭게 행사하는' 개개인에게 전적으로 귀속"되기 때문에 지속적으로 의견의 차이를 생산하는 기관이 필요한 것이다. 아렌트는 상원을 "의견을 형성하는 지속적인 제도"라고 평가하며 "판단을 창출하는 지속적인 제도"인 대법원Supreme Court과 함께 미국 혁명의 중요한 성과물로 간주한다.

아렌트는 오늘날 민주주의의 대표적 실현 방식인 정당정치에 대해서도 비판적이다. 그는 프랑스 혁명기에 성립된 수많은 자발적 클럽들, 1871년의 파리 코뮌, 그리고 러시아 혁명기의 소비에트 등 '평의회'라고 불릴 수 있는 것들이 혁명 정당에 의해 해산되고 흡수되어버린 것을 혁명 전통의 상실이라고 본다. 그는 20세기의 모든 혁명에서 표면화된 갈등인 정당과 평의회 사이의 갈등을 "대표성 대對 행위 및 참여 사이의 갈등"이라고 정식화한다.[105] 그리고 후자가 사라져버린 정당정치의 민주주의란 "대중적 복지와 사적 행복을 주요 목표로 한다는 점에서 민주적"이지만, "공적 행복과 공적 자유가 다시 소수의 특권이 되었다는 점에서 과두적"이라고 평가한다.[106]

미국 건국 초기 공화주의에 주목한 샌델의 분권론

아렌트처럼 행위와 참여를 강조하는 공화주의 정치철학은 존 롤스, 로버트 노직 등의 자유주의 정치철학이 지배적이었던 1970년대까지는 미국에서 크게 주목받지 못했다. 그런데 1980년대 이후 알레스데어 매킨타이어, 마이클 샌델, 찰스 테일러 등 공동체주의자들로 불리는 정치철학자들이 자유주의 정치철학의 전제인 "무연고적 자아"*의 허구성을 폭로하고 아리스토텔레스적 전통의 덕 윤리를 부활시키면서 다시 공화주의가 주목받게 되었다.

　여기서 서로 논쟁하는 두 경향의 정치철학에 대해 상세하게 소개할 수는 없다. 다만 샌델이 두 경향의 차이를 어떻게 정식화하고 있는지 간단히 살펴본 후 아렌트와의 연결지점을 설명하고자 한다. 샌델은 자유주의가 지배해온 서구 정치를 "절차적 공화정"**이라 부르고, 이것과 대조되는 공화주의 정치이론의 특징을 두 가지 관계에서 규정한다. 하나는 옳음과 좋음의 관계이고, 다른 하나는 자유와 자치의 관계이다.

첫 번째 관계를 보면, 자유주의는 보편적인 옳음, 권리, 정의 등이 좋음에 우선한다고 주장하는 반면, 공화주의는 "공동선", 즉 공동의 좋음을 추구하는 정치를 옹호한다. 단, 여기서 공동선이란 개인적 선호의 총합이 아니다. 오히려 "사람들이 현재 선호하는 것들이 무엇인지 고려하지 않으며, 그것을 충족시키려는 시도도 하지 않는다. 대신에 공화주의 이론은 자치의 공동선에 필요한 인격적 성질을 함양시키려 한다."[107] 즉 사적 인격의 이해관계가 아니라 공동체에 의해 형성되는 시민들의 정체성에 주목한다.

두 번째 관계는 자유와 자치의 관계다. 자유주의자들은 "나는 다수가 결정한 것으로부터 면제를 보장받는 권리들의 소유자인 한에서 자유롭다"고 말하면서 "자유를 자치에 대한 제한"으로 정의

---

*'무연고적 자아'란 경험적인 좋음에 이끌리지 않고 실천이성의 정언명령에 따라 행위하는 자율적이고 초월적인 주체를 설정하는 칸트의 인간관, 그리고 자신이 처한 사회적 조건과 자신이 가진 천부적 능력을 모두 모른다고 가정하는 '무지의 장막' 속에서 정의의 원칙을 합의하는 롤스의 인간관에 대해 샌델이 붙인 말이다. 샌델은 어디에도 속박되어 있지 않은 비현실적 인간을 상정하는 자발주의적 자아관을 비판하면서 자아는 자신이 몸담고 있는 공동체의 가치들이나 좋음들에 의해 구성된 존재라고 본다. 무연고적 자아(unencumbered self)는 "얽매이지 않는 자아", "부담을 지지 않는 자아" 등으로 번역되기도 한다. 김은희, 「샌델의 시민적 공화주의는 '민주주의의 불만'을 해소할 수 있는가?, 『철학사상』 제45호, 166~168쪽을 보라.
**자치와 참여 없이 결정의 정당화 절차만 강조하는 껍데기 공화정 혹은 보편적 권리와 의무만 있을 뿐 구체적인 믿음과 가치를 공유하지 않는 공화정 등으로 이해해도 무방하다.

한다. 공화주의자들은 "나는 자체의 운명을 통제하는 정치 공동체의 일원이자 정치 공동체에서 벌어지는 일들을 좌우하는 결정에 참여하는 자인 한에서 자유롭다"고 말하면서 "자유를 자치의 결과"로 본다.[108]

공화주의자인 샌델은 아렌트와 마찬가지로 미국 건국 초기의 공화주의에 주목했다. 그는 건국 이전에 성립된 뉴잉글랜드 타운십*에서의 자치와 건국 시기의 연방주의에서 구현되었던 공화주의가 헌법의 수정 과정에서 약화되어 간 역사를 추적했다.[109] 그리고 단일한 공동선을 설정했던 루소의 억압적 공화주의에 맞서 의견의 불일치를 강조했던 토크빌의 공화주의 혹은 시민적 자유 노선을 옹호한다.[110]

샌델은 이러한 혁명의 유산 또는 공화주의 전통이 사라진 것에 안타까워하는데 그치지 않고 1980년대와 1990년대에 일어난 여러 가지 사회운동들을 통해 공화주의 이상의 부활을 예감한다. 당시 미국 사회에서는 지역사회 개발 법인, 기업형 슈퍼마켓 반대 운동, 뉴어버니즘 등 공동체와 자치를 활성화하는 각종 운동이 일어나고 있었다. 샌델은 이런 지역적인 움직임들에 주목하였고 경제적 지구화의 추세에 맞선 대안으로 "주권의 분산"을 주장했다. 그는 자유주의자들의 대안인 코즈모폴리턴적 비전은 지구화로부터 민주주의를 지켜낼 수 없다고 말하면서 "주권이 위와 아래의 양쪽으로 분산된 체계만이 전 지구적인 시장 세력들과 맞서는 데 필요한 권력과 더불어

---

*미국 이민 초기 뉴잉글랜드에 만들어진 자치구역.

시민들의 숙고된 충성을 고취시키기 위해 공적 생활에 요구되는 분화를 겸비할 수 있다"고 주장한다.[111] 그리고 이러한 분권화 지향을 "미국의 연방주의에 잠재되어 있는 실현되지 않은 가능성들에 주목"하는 것이라고 말한다.[112]

주권의 분산과 자치 공동체는 괴물을 이길 수 있을까?

요약하자면, 샌델은 현재의 주권국가보다 작은 규모의 자치 공동체들로의 분권화를 통해 서로 다른 의견들을 가지고 있되 공동선에 대한 지향을 교육받은 개인들이 참여를 통해 시민적 자유를 실현하는 것을 이상적인 정치 모델로 삼고 있다. 아렌트가 이런 모델을 정확히 제시한 적은 없지만 수천만 명의 시민들이 함께 둘러앉아 논의하는 것이 불가능하다는 점을 고려할 때 아마도 샌델의 견해에 대체로 동의할 것이다. 다만 샌델이 주목한 여러 지역운동들은 사회의 문제, 즉 기업형 슈퍼마켓 반대와 같이 먹고 사는 문제를 중심으로 이루어진다. 그래서 아마도 아렌트라면 이런 운동들을 긍정적으로만 보지는 않을 것 같다.

개인의 권리(옳음)와 자유를 전제하고 이를 제한하거나 보장하는 도구로서 국가 혹은 사회를 설정하는 자유주의자들에게 개인과 사회의 관계에 관한 물음은 풀기 힘든 난제이다. 반면에 20세기의 공화주의자들에게 개인과 국가의 관계(또는 개인과 사회의 관계)라는 문제는 잘못 설정된 것이다. 아렌트에게는 사인私人으로서의 개인은 정치에 등장해서는 안 되며, 개인은 시민 혹은 공인公人으로서 각기 다른 의견을 갖고 공적 세계에서 행위한다. 이러한 정치적 행위자로서의 개인은 자신의 견해가 관철되는가의 여부와 무관하게 공화국의 주인이다. 따라서 그에게 낯선 괴물은 없다. 좁은 의미의 사회, 즉 경제만이 빈곤이라는 해결 난망한 문제와 씨름하는 낯선 괴물이다. 그리고 이 괴물은 참된 공공 영역에서는 제거되어야 하는 영역이다. 그에 반해 샌델은 경제 문제를 자치적으로 해결하려는 노력 속에서 낯선 국가와는 다른 친숙한 공동체들의 형성을 기대한다. 개인은 성장 과정에서 각 공동체 고유의 믿음과 가치를 교육받으면서 연고적 자아, 즉 특정한 덕목들에 대한 존중을 체득한 시민, 정체성을 가진 시민으로 자라난다. 따라서 각자의 의견 차이는 있을 수 있지만 공동선을 위한 참여가 그에게 소외감을 불러일으키지는 않을 것이다. 공동체에 대한 무관심은 있을 수 없는 것이다. 따라서 샌델의 작은 이상적 공동체에서 괴물과 같은 낯선 사회는 없다.

그런데 복잡하게 분화된 현대 사회에서 과연 한 개인은 자신의 정체성을 하나의 공동체, 특히 지역 공동체를 통해 형성할 수 있을까? 정치, 경제, 학문, 교육, 예술, 종교 등 각 기능 영역마다 다른 소속 집단을 가질 수밖에 없는 개인들에게 공화주의자의 해법은 현실적일까? 뒤에서 조금 더 현대적인 조건들을 고려하는 학자들을 검토하면서 판단해보자.

7장

괴물이 우리의 생활세계를
식민지화하는 것을 막아내자

위르겐 하버마스

생활세계의 합리화는 의사소통적 행위에 들어있는
합리성 잠재력의 연속적 분출로 이해할 수 있다.
이해지향적 행위는 규범적 맥락들에 대해 점점 더 큰 자립성을
획득하게 된다. 다른 한편 점점 더 많은 요구에 직면하고
마침내 과부하 상태가 된 언어적 상호이해의 메커니즘은
동시에 탈언어화된 의사소통 매체들로 대체된다.
체계와 생활세계의 이러한 분리를 상호이해 형식의
체계적 역사라는 수준으로 투영해보면, 세계사적 계몽 과정의
어쩔 수 없는 아이러니가 모습을 드러낸다.
생활세계의 합리화는 체계복잡성의 증가를 가능하게 하는데,
체계복잡성이 과도하게 증가하면서,
고삐 풀린 체계의 명령은 생활세계를 도구화하고
생활세계의 수용 능력을 폭파하는 지경에까지 이르게 된다.

– 위르겐 하버마스, 『의사소통행위이론』[113]

부르주아 공론장의 부상과 쇠퇴

아렌트는 공적 영역에서 다수의 인간들 사이에 이루어지는 언어적
행위가 활동적 삶의 한 요소이며 그것이 인간의 조건 중 하나에 상
응한다고 보았다. 마르크스의 노동 패러다임 혹은 생산 패러다임을

극복하는 언어 패러다임으로 전환했다는 점, 그리고 인간의 사회적 행위 중 의사소통적 행위의 의의를 강조했다는 점에서 위르겐 하버마스는 아렌트와 비슷하다. 하버마스는 그러한 행위가 이루어지는 영역을 '공론장Öffentlichkeit'이라고 불렀다. 공론장에 대한 하버마스의 강조 역시 '공적 영역public sphere'을 부흥시키고자 했던 아렌트의 취지와 닮은 데가 있다.*

하지만 아렌트가 공적 영역을 정치와 동일시한데 반해, 하버마스가 말하는 공론장은 정치적 공론장의 경우에도 정치 체계와는 구별된다. 하버마스는 공론장에서 활동하는 결사체들을 정치 및 경제와 구별되는 '시민사회'라고 부른다. 아렌트의 공공성 이론과 구별되는 하버마스 이론의 핵심적 특징이 바로 행정 중심의 정치 체계와 공론장을 구별한다는 점이다. 그리고 제3영역으로서의 시민사회를 정치사회로부터 뚜렷이 구분한다는 점일 것이다. 이러한 차이점은 하버마스가 아렌트와 달리 현대적 조건을 고려하기 때문에 생긴다. 하버마스는 현대 사회가 소규모 폴리스와는 달리 익명적 관계들이 지배적이며 사회적 관계들이 너무 복잡하다고 생각했다. 아렌트가 행위를 통해 형성된다고 본 인간 공동세계는 현대 사회에서는 하나가 아닌 여럿일 수밖에 없다. 내가 논의에 참여하는 공적 영역과 다른 사람이 논의에 참여하는 공적 영역이 다를 뿐 아니라 내가 참여하는 공동세계도 관심사와 지향점에 따라 여럿일 수 있다. 그래

*독일어 외펜틀리히카이트(Öffentlichkeit)는 공공성(publicness) 또는 공적 영역(public sphere)으로 번역할 수 있다.

서 여러 공론장 사이의 조율과 합의 절차가 제도화되는 것이 불가피하다. 그리고 어떤 영역에서는 효율성 혹은 도구적 합리성의 추구가 어느 정도 불가피하다.

공공성에 대한 아렌트의 연구가 고대의 폴리스를 모델로 삼는 것에 반해, 하버마스의 연구는 18세기 유럽의 부르주아 공론장으로부터 출발한다.[114] 하버마스는 폴리스가 사라진 중세에는 군주가 궁정에서 화려한 파티를 열고 자신의 침실까지 개방하면서 공공성의 체현자로 등장했던 것을 "과시적 공공성"이라고 부른다. 여기서 '과시'란 곧 '대표representation'인데, "영주와 신분들이 국가를 단지 대리하는 것이 아니라 '그 자체 국가라는' 특유한 의미에서 국가를 대표하는 것"이었고 그래서 자신들의 통치권을 민중 앞에 과시해야 했다.[115]

과시적 공공성이 쇠퇴할 무렵, 국가와 대립하는 상품 생산과 교역의 영역인 '사회'를 주도했던 부르주아지에 의해 새로운 공론장이 탄생한다. 하버마스는 친밀성 또는 사생활의 영역인 가족의 거실에서 자신의 내면성 혹은 순수한 인간성을 성장시킬 수 있었던 부르주아들이 거실에서 형성된 주체성을 커피하우스와 살롱의 문예 토론으로 연결시켜 문예적 공론장을 열어젖혔다고 말한다. "핵가족이라는 친밀한 원천을 갖는 주체성이 자기 자신에 관한 이해를 스스로 달성하는 문예적 논의의 공론장이 형성"된 것이다.[116] 4장에서 보았던 것처럼, 스위스 제네바 출신의 루소가 프랑스 파리에서 디드로, 달랑베르 등과 친구가 될 수 있었던 것도 이러한 문예적 공론장이 형성되어 있었기 때문이다. 이렇게 사적인 개인들을 공중으로 결집

시킨 부르주아 공론장은 "지위의 평등을 전제로 하는 것이 아니라 지위 전체를 도외시하는 일종의 사회적 교제"를 요구하는 곳이 되었고, 이 공론장은 점차 정부의 공공성에 맞서는 정치적 공론장으로 발전하여 시민혁명의 기반이 되었다.[117]

하버마스는 19세기 말부터 "국가의 사회화"와 "사회의 국가화"가 진행되면서 "공공 부문과 사적 부분의 교착 경향"이 일어나 정치적 공론장의 독자적 입지가 줄어들었다고 분석한다.[118] '국가의 사회화'의 예로는 국가가 각 가정 경제의 어려움을 해결하기 위해 여러 복지 혜택을 주는 것, 기업에 대해 여러 가지 규제 조치를 하는 것 등을 들 수 있다. '사회의 국가화'의 예로는 기업이 국가 건설 사업의 수주를 받아 대행하는 것, 사단법인이 국공립 어린이집의 위탁을 받아 운영하는 것 등을 들 수 있다. 이 두 가지 진행 방향을 오늘날 우리는 한국 사회에서도 명확히 볼 수 있다.

그러나 하버마스는 20세기에 들어와 부르주아 공론장이 붕괴되어 갔다고 진단한다. 대중매체와 광고의 발전으로 "문화를 논하는 공중"에서 "문화를 소비하는 공중"으로의 변화가 일어났기 때문이다.[119] 19세기 파리의 갤러리는 단순히 미술 작품을 관람하는 공간이 아니라 수많은 무명 평론가들이 모여 논쟁하는 장소이기도 했다. 예를 들어 우리에게 『악의 꽃』의 시인으로 알려져 있는 샤를 보들레르는 그런 논쟁에서 주목받게 된 미술평론가였다. 반면에 오늘날 우리는 미술관에서 줄지어 걸으면서 조용한 관람을 강요받으며 간혹 안내자의 일방적 설명을 듣거나 권위적 평론가가 작품 옆에 써 놓은 한 가지 설명만 읽을 수 있다.

하버마스는 더 나아가 국가와 정당들이 공론장을 형성하거나 주도하고, 공적 토론을 대체하는 여론 조사가 정치적 공론장을 왜곡시켰다고 말한다. 특히 여론조사는 토론을 통한 의견 형성과 교환이 이루어지기도 전에 고립된 개인들의 의견을 양적으로 집계하여 사실로 만들어버림으로써 활발한 토론을 가로막는다.

하버마스의 첫 번째 주저작인 『공론장의 구조변동』은 이렇게 19세기 말부터 20세기 중반까지 진행된 공론장의 입지 상실 과정을 그리는 것으로 마무리된다. 그리고 여기서 싹튼 비판적 문제의식을 바탕으로 하버마스는 '체계에 의한 생활세계의 식민지화'라는 진단을 내린다. 우리가 좋은 근거를 들어 서로를 납득시키고자 하는 행위인 의사소통적 행위의 지평이자 배경인 생활세계가 권력의 명령과 화폐 교환의 힘에 복속되고 있다는 것이다.

언어 패러다임으로의 전환과 의사소통적 이성의 발견

『공론장의 구조변동』을 쓴 이후 하버마스는 노동 패러다임에 사로잡힌 마르크스주의의 역사적 유물론에 대한 재구성 작업에 들어간다. 하버마스는 사회적 협업을 위해서는 언어적 상호이해가 필요하다는 점에 주목하고, 노동 패러다임에서 언어 패러다임으로 전환하게 된다. 노동 패러다임이 본질상 주체와 객체의 관계인데 반해 언어 패러다임은 주체가 다른 주체와 맺는 관계를 중심에 둔다는 점에서 상호주관성inter-subjectivity 패러다임이다.[120]

하버마스는 아렌트로부터 많은 영향을 받았다. 상호주관성, 공론장, 의사소통적 행위 등의 개념은 아렌트의 인간 공동세계 관념, 공적 영역 이해, 언어와 행위에 대한 강조 등으로부터 상당한 영향을 받은 것이다. 하지만 하버마스는 아렌트의 이론 외에도 마르크스의 역사적 유물론, 베버의 합리화 이론, 프랑크푸르트학파 1세대의 도구적 이성 비판, 후설과 현상학적 사회학의 상호주관성 개념과 생활세계 개념, 파슨스와 루만의 체계이론, 그리고 칸트와 헤겔을 비롯한 독일 관념론의 유산에 이르기까지, 근대의 이질적인 여러 사회 이론들을 재구성하여 자신의 의사소통적 행위 이론으로 종합한다. 여기서는 하버마스의 합리성 이론과 2단계 사회이론에 초점을 맞추어 그가 어떻게 괴물의 무분별한 성장, 즉 체계에 의한 생활세계의 식민지화를 가로막고자 했는지 살펴보자.

20세기 초 여러 철학자들과 사회학자들이 근대화와 관련해 제시한 핵심 개념 두 가지는 '물화物化, Verdinglichung'와 '합리화'이다. 헝가리의 철학자 죄르지 루카치는 마르크스가 『자본』에서 상품의 '물신숭배'를 지적한 것을 모티프로 삼아, 자본주의 사회에서는 인간의 대상성 형식이 물화된다고 비판했다. '대상성 형식'이란 우리가 어떤 대상(객체)을 인식할 때 사용하는 틀을 뜻한다. 따라서 대상성 형식이 물화된다는 것은 우리가 사물이 아닌 것도 사물처럼 측정 또는 계산 가능한 것으로 인식하게 된다는 것을 뜻한다. 이렇게 되면 인간의 정신, 감성, 사회적 관계 등이 모두 점수, 수치 등으로 매겨져 서열화될 수 있다. 요즘 한국 사회에서 널리 쓰이는 '스펙'이라는 말은 이러한 물화된 인식의 대표적 사례일 것이다. 컴퓨터의 사양을 뜻하는 말이 사람의 능력을 뜻하는 말로 그대로 쓰이기 때문이다. 교육공학에서 사람을 '인적 자원'으로 간주하는 것도 물화의 사례라고 볼 수 있다.

사회학에서는 베버가 근대 사회를 탄생시킨 '탈주술화'와 '주지주의적 합리화'의 과정에 주목하면서, 이 과정에서 '의미 상실'(신의 죽음)과 '가치 분화'(진, 선, 미의 분화)가 이루어진다고 지적했다. 더 이상 절대자를 숭배하지 않게 만들었다는 점에서, 그리고 아름답지 않은 진리나 도덕적으로 불편한 진실을 받아들일 수 있게 만들었다는 점에서, 이러한 합리화를 진보로 볼 수도 있을 것이다. 그런데 베버는 세계의 계산 가능성에 입각한 이러한 합리화 과정이 철저하게 형식화된 관료제 사회로 귀결되고 있다는 역설도 함께 보여주었다. 그리고 실존주의 철학자들은 객관주의적 실증과학이 지배하는 상황을 '세계 상실', '세계 소외' 등으로 표현하였다.

막스 호르크하이머와 테오도르 아도르노를 중심으로 한 프랑크푸르트학파 비판이론의 1세대는 이러한 이론들을 참조해 계몽이 어떻게 스스로를 파괴하게 되었는지를 '계몽의 변증법'을 통해 보여주었다. 그들은 "자기 자신을 되돌아보는 계몽", 즉 근대 문명의 자기반성을 촉구하면서 근대적 이성의 문제점을 '도구적 이성'이라는 표현으로 집약했다. 고대의 객관적 이성이 전체주의적 위험을 가졌다면, 근대의 주관적 이성은 사물은 물론 인간까지도 모두 계산 가능하고 조작 가능한 것으로 간주한다. 이것은 인간이 스스로 도구가 되어버리는 결과를 초래하고 말았다. 그런데 비판이론 1세대는 이러한 도구적 이성을 극복할 수 있는 다른 이성의 가능성을 그리 희망적으로 보여주지 못했다. 그들은 철학과 예술이라는 두 가지 방향에서 대안을 제시했다.

그런데 철학이라는 첫 번째 대안은 개념을 이용할 수밖에 없다는 점에서 한계를 갖는다. 그들은 도구적 이성이 개념을 사용해 동일화될 수 없는 것들을 동일화^{identification}하는 것에서 출발함을 지적해왔다. 따라서 철학적 비판은 개념을 통해 개념을 비판한다는 역설, 즉 동일성 비판이 동일성을 통해서만 가능하다는 아포리아에 빠질 수밖에 없다. 두 번째 대안은 자연의 모방이라는 뜻을 갖는 고대의 '미메시스' 정신을 회복하는 진정한 예술 작품, 즉 자연과의 '화해'를 이루는 예술을 추구하는 것이다. 주술 시대의 인간은 자신이 대결해야 했던 자연 대상에 대한 두려움을 그 대상에 대한 모방을 통해 극복하고자 했다. 예를 들어 들소 사냥을 하는 부족은 들소의 탈을 쓰고 춤을 추곤 했다. 오늘날 이러한 미메시스는 불가능하겠지만, 보다 현대적인 방식으로 다양하게 시도될 수 있다. 예컨대, 아방가르드 음악은 전통적 화성법의 틀을 벗어남으로써 자연의 소리와 화해할 길을 열어놓았다. 아도르노가 자신의 미학이론을 통해 펼친 이 대안은 한편으로는 환상적이고 모호하다는 비판을 받으며, 다른한편으로는 귀족주의적이라는 비판도 받는다.

하버마스의 의사소통적 합리성 이론은 베버와 비판이론 1세대가 빠져 있던 비관주의를 극복하고 새롭게 대안을 제시하려는 시도라고 평가할 수 있다. 그는 베버의 사회학적 행위 이론과 칼 포퍼의 제3세계 이론*을 재구성하여 행위를 세 가지 유형으로 다음과 같이 구분한다.[121]

1) **목적론적 행위**: 행위자가 객관세계와 관련을 맺는 행위

2) **규범에 의해 규제되는 행위**: 행위자가 사회세계 및 객관세계와 관계를 맺는 행위

3) **극적 행위**: 행위자가 자신의 주관세계 및 사회적 객체를 포함한 객관세계와 관계를 맺는 행위

이 세 가지 행위 중에서 규범에 의해 규제되는 행위는 근대에 이루어진 생활세계의 합리화 과정에서 그것이 가진 위계적 성격이 약화되면서 상호이해^{Verständigung}** 지향적 행위로 되었다고 하버마스는 말한다. 쉽게 말하면 규범의 성격이 권위주의에서 설득과 합의로 바뀌었다는 것이다. 그런데 이렇게 위계적이고 강압적인 규범의 힘이 약화되는 생활세계의 합리화는 역설적이게도 사회세계에서 목적론적 행위가 증가하는 결과를 낳는다. 비교적 평등한 자들 사이에서 언어적 의사소통을 통해 이루어지는 복잡하고 골치 아픈 행위 조정을 피하려는 경향이 확산되는 것이다. 그래서 성공 지향성이 강한 목적론적 행위는 주체와 다른 주체가 관계를 맺는 사회세계로 확장되고, 그 결과 언어적 상호이해가 필수적인 행위 영역에서 목적론적 성격이 강한 '전략적 행위'가 확산된다. 예를 들어, 어느 학회가 학적 논의를 통해 연구 프로젝트의 결과를 내놓는 것이 아니라 별 논의 없이 권력기관이 원하는 방향으로 결과물을 제출한다면, 전략적

---

*포퍼는 물리적 세계, 심리적 세계와 구별되는 사회적 세계를 제3세계라고 불렀다.
**좀 더 가벼운 어투로 표현하자면 "납득시키기", "알아듣게 하기" 등으로 번역해도 좋은 말이다.

행위가 상호이해 지향적 행위를 압도한 경우이다. 이런 경우가 늘면서 사회세계에서는 목적론적 행위를 가장 효율적으로 할 수 있게 하는 '도구적 합리성'이 서로를 가장 잘 납득시킬 수 있게 하는 '의사소통적 합리성'을 압도하게 된다.

이렇게 하버마스는 인간 행위를 여러 층위로 나누고 그에 상응하는 합리성의 양상을 분석함으로써, 소외 혹은 물화의 원흉이 된 도구적 합리성으로부터 의사소통적 합리성을 뚜렷이 구별해낸다. 그래서 하버마스에게 이성 비판이란 도구적 이성에 대한 비판에 머무는 것이 아니라 그에 맞설 수 있는 대안적 이성인 '의사소통적 이성'*을 회복하는 것이다.

체계와 생활세계의 2단계 사회이론

그런데 하버마스는 현대 사회의 모든 영역에서 성공 지향적 행위와 그에 상응하는 도구적 합리성(전략적 합리성)이 배제되어야 한다고 생각하지는 않는다. 예를 들어 상점에서 물건을 사고 팔 때, 기업이 서로 거래할 때, 경찰이 주차단속을 할 때, 공권력이 강제 집행을 할 때, 참여하는 행위자들 모두에게 매번 의사소통적 합리성의 요청에

---

*하버마스는 '의사소통적 이성'과 '의사소통적 합리성'을 서로 교환될 수 있는 개념, 즉 거의 같은 의미를 갖는 개념으로 사용한다. 그런데 사회학에서는 대체로 이성을 분화된 것들의 통일성을 강조하는 철학적 용어로 간주하며 합리성은 특화된 합리성, 즉 분화되어 있는 것으로 간주하는 경향이 있다. 예를 들어, 루만은 전체 사회의 통일적인 이성이라는 개념을 기각하고 기능체계들의 합리성들에 대해서만 이야기한다.

따라 행위할 것을 요구하기는 어렵다. 하버마스는 모든 곳에서 이상적인 토론이 이루어져야 한다고 요구할 만큼 비현실적인 이론가는 아니다. 그래서 그의 사회이론은 '생활세계Lebenswelt'와 '체계System'의 2단계로 이루어진다. 그런데 이 개념들은 매우 이질적인 사회학의 두 흐름으로부터 각각 가져온 것이다. 생활세계는 알프레드 슈츠의 현상학적 사회학으로부터 가져온 개념이고, 체계는 탈코트 파슨스와 니클라스 루만의 체계이론적 사회학으로부터 가져온 것이다. 그리고 각 이론의 원래 의도와는 다소 다르게 이 두 개념이 포괄하는 관할 영역을 제한한다.

'생활세계'란 우리가 서로 이야기를 나누는 일상 세계, 즉 주제와 참여자에 따라 움직이는 세계를 뜻한다. 하버마스는 생활세계가 "의사소통적 행위의 지평과 배경"이며 "언어와 문화"로 구성된다고 말한다.[122] 여기서 '지평horizon'은 이 세계가 참여자들의 변화와 그들이 이야기하는 주제의 변화에 따라 이동한다는 것을 뜻한다. 그리고 '배경background'은 이 세계에서 이루어지는 참여자들의 상호이해 과정에는 비축 지식 혹은 배후 확신이 있다는 것을 뜻한다. 따라서 생활세계는 우리가 무엇을 이야기하느냐에 따라 움직이는 일상적 삶의 세계이며, 그 세계 속에서 상호이해가 가능한 것은 공동의 지식이나 믿음 같은 의식적·무의식적 구조가 내장되어 있기 때문이다.

생활세계를 보다 쉽게 이해하기 위해 다음의 예를 살펴보자. 30대 직장인들이 회식 자리에 모여서 삼겹살을 먹을 건지 목살을 먹을 건지에 관해 의견을 나눈다. 그런데 조금 늦게 들어온 과장이 축구 이야기를 꺼내자 그들은 호날두와 메시 중 누가 더 위대한 선수

인지에 관해 설전을 벌인다. 잠시 후 주문하지도 않은 냉면이 후식으로 나오자 그들은 주인에게 왜 냉면이 나오는지 물어보지도 않은 채 대화를 중단하고 냉면을 먹으면서 맛있다고 말한다. 이 회식에서 의사소통적 행위의 지평은 과장의 참여, 주인의 서비스 등 참여자들의 변화, 그리고 고기, 축구, 냉면 등 주제에 따라 이동한다. 그리고 돼지고기의 부위에 따른 맛의 차이, 세계 축구의 최근 소식 등이 공동의 비축 지식으로 깔려 있다. 또한 이 고깃집에서는 돼지고기보다 쇠고기가 비싸며 후식 냉면이 무료라는 배후 확신도 깔려 있다.

현상학적 사회학은 이러한 생활세계를 사회와 동일시했기 때문에 '사회의 통합Integration der Gesellschaft'과 '사회적 통합Sozialintegration'을 구별하지 않았다.* 하지만 하버마스는 사회의 통합은 생활세계에서 상호주관적으로 이루어지는 '사회적 통합'과 자립화된 전문 영역인 체계들에서 이루어지는 '체계 통합'의 두 가지로 구별되어야 한다고 주장한다.[123] 하나의 생활세계를 공유하고 있다고 보기 힘든 사람들, 즉 전혀 사회적 통합을 이루고 있지 못한 사람들 사이에서도 화폐 교환이나 법집행을 통한 통합은 가능하기 때문이다. 하버마스는 근대화의 과정에서 형식적으로 조직화되고 전문화된 체계들이 생활세계로부터 떨어져 나왔다고 본다.

'체계'란 그것을 둘러싼 환경과의 경계를 스스로 긋는 것이다.

---

*독일 사회학에서는 '사회(Gesellschaft)'의 형용사인 게젤샤프틀리히(gesellschaftlich)가 수많은 익명적 관계들을 포함한 사회 전체를 뜻하는 어감을 갖는데 반해, 그와 다른 어원을 갖는 형용사 조찌알(sozial)은 일상적인 대면 상호작용 범위를 뜻하는 어감을 갖는다. 그래서 gesellschaftlich는 영어권에서 social이 아닌 societal로 번역되기도 한다. 필자는 이 두 단어를 한국어로 번역할 때 '사회의'와 '사회적'으로 구별한다.

막을 가진 세포, 피부를 가진 유기체 등이 대표적이다. 생물학, 사이버네틱스 등에서 시작된 20세기의 체계이론은 기계, 세포, 유기체, 의식에 이어 사회적 체계들에 관한 연구로 확장되었다. 체계이론을 사회학에 처음 도입한 파슨스는 사회적 체계를 행위 체계의 일종으로 파악했다. 그는 사회를 AGIL의 네 가지 기능으로 분화된 체계로 간주한다. 여기서 AGIL이란 적응Adaptation, 목표달성Goal attainment, 통합Integration, 잠재적 패턴 유지Latent pattern maintenance의 머리글자를 딴 것이다. 사회의 일차적인 분화는 A(경제), G(정치), I(법), L(문화, 종교, 교육)이며, 각각의 체계는 다시 AGIL의 기능에 따라 분화된다. 이렇듯 AGIL이라는 구조가 기능보다 우위에 있기 때문에 파슨스의 이론은 구조-기능주의라고 불린다.

파슨스와 달리 기능-구조주의자인 루만은 고정된 구조 도식 없이 현대 사회의 기능 영역들을 차례로 탐구한다. 그는 현대 사회가 정치, 경제, 법, 학문, 교육, 예술, 종교 등 수많은 하위 기능체계들로 분화되어 있다고 본다. 그리고 각 기능체계들의 분화를 촉진시킨 매체인 권력, 화폐, 진리, 사랑 등에 관해서도 연구한다.

그런데 하버마스는 체계이론의 체계 개념을 수용하면서, 이 하위 체계들 중 언어적 의사소통이 불필요한 두 개의 체계, 즉 권력을 조절 매체로 하는 행정 중심의 정치 체계와 화폐를 조절 매체로 하는 경제 체계만을 자신의 사회이론에 받아들인다. 그리고 학문, 교육 등 언어 매체가 사용되는 영역은 조절 매체에 의해 의사소통 부담이 경감되지 않기 때문에 생활세계로부터 분리된 영역이 아닌 것으로 간주한다. 반면에 권력과 화폐라는 조절 매체는 언어적 의사소통의 부담을 경감시키며, 그에 따라 정치와 경제는 생활세계로부터 자립화된다고 본다. 쉽게 말해, 힘과 돈을 이용해 서로 묻지도 따지지도 못하게 하는 영역이 말로 해결해야 하는 영역으로부터 떨어져 나온다는 것이다. 그래서 하버마스는 사회가 생활세계의 단계와 체계의 단계라는 2단계로 고찰되어야 한다고 말한다. 그리고 이 두 단계의 구별은 의사소통적 행위와 목적론적(전략적) 행위의 구별에 상응한다. 따라서 하버마스에게 체계란 인간을 수동적으로 만드는 괴물인 반면, 생활세계란 우리가 함께 능동적으로 일구어나가는 인간적 세계라고 규정할 수도 있을 것이다.

　하버마스는 사회의 근대화를 사회의 토대인 생활세계의 합리화 과정임과 동시에 이 토대로부터 목적론적 행위 체계들이 자립화된 과정으로 이해한다. 베버나 프랑크푸르트학파 1세대가 풀지 못한 합리화의 역설 혹은 계몽의 역설은 이렇게 의사소통적 합리성 이론과 2단계 사회이론을 통해 해결되는 것이다. 그런데 하버마스는 체계의 자립화 자체를 폐지하여 사회를 모두 생활세계로 복귀시키자는 비현실적 주장으로 나아가지 않는다. 즉 괴물로부터의 완전한 해방을 부르짖지는 않는 것이다. 그래서 하버마스는 마르크스주의 지향이 강한 비판이론가들로부터 체계이론으로 너무 기울어버렸다는 비판을 받기도 한다. 하버마스의 '사회비판'은 생활세계가 그 의사소통적 힘을 상실하지 않게 하는 것, 즉 체계에 의한 생활세계의 식민지화를 막아내는 것만을 목표로 삼는다.

토의 정치에 의한 민주적 법치국가

1990년대에 들어와 하버마스는 생활세계를 기반으로 공론장에서 형성된 의사소통적 권력이 정치 체계의 고유한 메커니즘을 파괴하지 않으면서도 민주적 법치국가를 발전시킬 수 있는 방책을 『사실성과 타당성』이라는 저작을 통해 밝힌다. 여기서 하버마스는 법의 논의이론Diskurstheorie des Recht과 토의 민주주의deliberative Demokratie 이론을 제시한다. 그는 정치적 공론장에서 하나의 법을 공유하는 시민들의 논의를 거친 후 동의에 의해 '의사소통적 권력'이 형성되는 경로와 절차적 민주주의 제도에 의해 매개되어 법제화되는 '행정 권력'이 정당화되는 경로, 이 두 가지 경로로 이루어지는 토의 정치 모델을 제시한다.

이 토의 정치 모델을 핵발전소 건설 문제를 결정하는 가상의 사례를 통해 살펴보자. 우선 여러 정치인, 공공기관, 기업, 학자, 환경단체, 주민모임 등이 공개 토론회, 언론 등을 통해 이 문제에 관해 오랜 기간 자유롭고 심도 깊게 토론을 한다. 이 과정을 통해 하나의 입장이 대세를 형성할 수도 있고, 대립적인 두세 가지 입장이 분명해질 수도 있다. 이것이 의사소통적 권력의 형성 경로이다. 하지만 핵발전소를 건설할 것인가 말 것인가에 대한 최종 결정은 법률에 의해 규정된 별도의 절차를 거쳐 이루어진다. 그 절차는 주민투표일 수도 있고, 지방의회에서의 표결일 수도 있고, 국회에서의 표결일 수도 있다. 이러한 공식 절차를 거쳐 법제화가 이루어져야 이 문제에 관한 행정 권력이 행사될 수 있다. 여기서 하버마스가 강조하는 것은 의사소통적 권력의 형성 과정이 충분히 진행되어야만 그 이후에 성립되는 행정 권력이 정당화될 수 있다는 것이다.

이러한 토의 정치 모델은 생활세계에서 형성된 의사소통적 합리성이 체계의 형식적 절차를 훼손하지 않으면서도 체계에 영향을 미쳐 생활세계의 식민화를 저지하고 민주주의적 법치국가를 발전시키기 위한 방책이라고 볼 수 있다. 그리고 이 모델은 1980년대 이후 영미권에서 벌어진 정치철학 논쟁, 즉 자유주의와 공화주의 간의 논쟁에 대한 하버마스의 절충적 답변이기도 하다. 의사소통적 권력 형성 과정에 대한 강조는 참여와 자치를 강조하는 공화주의자들의 견해를 지지하는 것이고, 법적 절차에 따른 행정 권력의 정당화—샌델이 '절차적 공화정'이라고 비판했던—는 자유주의자들의 견해를 지지하는 것이기 때문이다.

『사실성과 타당성』에서 하버마스는 젊은 시절부터 꾸준히 연구해온 '공론장'과 '시민사회' 개념을 비교적 명료하게 정식화한다. 지금 한국 사회에서 '인터넷 공론장', '시민사회의 역할' 등을 언급하는 많은 논자들은 하버마스의 정식화와 비슷한 생각을 바탕에 깔고 이야기한다고 볼 수 있다.

비국가적이고 비경제적인 시민사회 개념

하버마스는 공론장이 "제도로 개념화될 수 없으며, 더구나 조직으로 개념화될 수 없는 것"이라고 말한다. 공론장은 권한, 역할, 구성원 자격 규제 등을 갖춘 규범적 구조물이 아니다. 공론장은 외부에 대해 열려 있고 변화 가능한 지평이기 때문에 '체계'도 아니다. 하버마스는 공론장을 "정보와 견해(즉 긍정적 또는 부정적인 태도를 표현하는 의견들)의 의사소통을 위한 네트워크"로 서술하며, 그것이 "일상적인 의사소통적 실천의 **일반적인 이해 가능성**이라는 기초 위에" 서 있다고 말한다. 따라서 공론장에서는 전문가들뿐 아니라 문외한도 부담 없이 의사소통에 참여할 수 있다. 그리고 공론장은 생활세계라는 드넓은 일상적 상호작용의 저수지를 기반으로 한다. 공론장이 전문 영역들로 분화되어 있지 않은 이유는 그것이 생활세계를 기반으로 하기 때문이다. 덧붙여 하버마스는 공론장에서의 의사소통에 대해 공중은 결정의 부담이나 구체적 행위 의무를 지지 않기 때문에 참여자들은 지적 자율성을 가질 수 있다고 말한다. 또 한 가지 중요한 점은 공론장에서 형성된 '공적 의견의 대표성'이 결코 '여론조사의 결과'와 혼동되어서는 안 된다는 것이다. 개인 의견들의 총합이 아니라 토론 과정이 더 중요하기 때문이다. 하버마스는 "정치적 여론조사는, 공론장 속에서 특정한 주제에 관해 이미 의견이 형성되어 있을 때, '공적 의견'에 대한 일정한 거울상을 제공할 뿐"이라고 말한다.

하버마스는 공론장의 의사소통 구조를 생활세계에 뿌리내리게 하는 자발적 결사체들을 '시민사회Zivilgesellschaft'라고 부른다. 그는 오늘날의 시민사회는 "자유주의 전통의 시민사회, 그러니까 헤겔이 '욕구의 체계'로, 즉 사회적 노동과 상품 거래의 시장경제적 체계로 개념화되었던 그 '부르주아 사회'와는 다른 의미"를 띠고 있으며,

"마르크스와 마르크스주의가 생각하는, 사법적으로 구성되고 노동 시장과 자본시장과 상품시장에 의해 조정되는 경제를 더 이상 포함하지 않는다"고 말한다. 즉 시민사회는 더 이상 정치사회도 아니고 경제적 토대도 아니다. 하버마스는 시민사회의 제도적 핵심을 이루는 것이 "자유의지에 기초하는 비국가적이고 비경제적인 연결망과 자발적 결사체들"이라고 말한다. 시민사회에 대한 이러한 정의는 코이노니아 폴리티케와 소키에타스 키빌리스로부터 이어지는 이 개념의 역사 전체를 고려할 때 그 세 번째 의미 획득이라고 할 수 있을 것이다. 하버마스는 시민사회가 자생적으로 출현한 단체, 조직, 운동들로 이루어지며, 이들은 사회적 문제 상황이 개인들의 일상 생활에 불러일으킬 반향을 검토하고 그에 대한 대응을 모아서 정치적 공론장으로 확대한다고 말한다.[124]

8장

괴물이
우리에게 부과한 한계를 분석하고
가능한 위반을 시도하자

미셸 푸코

우리 자신에 대한 비판적 존재론은 결코 하나의 이론,

하나의 교의, 또는 축적되는 지식의 영원한 집합체로

간주되어서는 안 된다. 그것은 우리의 존재에 대한 비판인 동시에

우리에게 부과되어 있는 한계들에 대한 역사적 분석이자

그 한계들을 넘어설 가능성에 대한 실험이 되는 하나의 태도,

하나의 에토스, 하나의 철학적 삶으로 간주되어야 한다.

— 미셸 푸코, 「계몽이란 무엇인가?」[125]

일상 세계의 권력 장치에 대한 통찰과 해방적 이분법의 거부

하버마스의 사회이론은 우리의 자발성이 제한되는 영역(체계)과 우리가 좀 더 자유롭게 의사소통할 수 있는 영역(생활세계)을 구별한다. 이 구별은 선과 악의 구별 같이 극단적인 것은 아니지만 사회를 다소 비인간적인 영역과 인간적인 영역(괴물의 영역과 자율성의 영역)으로 나눈다. 이 두 영역 중 한쪽에는 형식적으로 조직된 세계에 대한 경계심이 투영되어 있는 반면, 다른 한쪽에는 우리의 일상적 삶의 세계가 가진 역량에 대한 신뢰가 부여되어 있다.

　　그런데 우리가 우리의 일상적 삶을 좀 더 냉철하게 바라본다면, 생활세계는 체계에 의해 식민화되지 않았다 하더라도 그 자체로 이미 수많은 권력관계들을 함축하고 있다. 여기서 말하는 권력관계란

누가 누구를 일방적으로 지배한다는 것을 뜻하는 것이 아니다. 자유로운 자들 사이에서도 지식을 이용한 미시적 권력 행사가 이루어진다는 것을 뜻한다. 예를 들어, 학교에서 선생님은 학생들을 때리거나 감금하지 않고도 권력을 행사한다. 선생님은 정상적인 인간의 기준을 가르치면서 학생들 스스로 그 기준에 복종하도록 만들 수 있다. 그런데 이러한 권력 행사는 통상 교실의 공간 배치를 비롯해 여러 물리적 장치들을 동반한다. 선생과 학생의 관계, 교탁과 책상의 배치, 복도의 창문들과 방송 장비 등은 권력이 작동하는 하나의 '장치'를 이루고 있다.

현대 사회를 괴물의 영역과 해방적 잠재력을 가진 영역으로 나누어 보는 발상은 마르크스의 부르주아지/프롤레타리아트의 이분법 이래 마르크스주의 전통에서 오랫동안 지속되어온 것이다. 도구적 합리성/의사소통적 합리성, 체계/생활세계, 언어/조절 매체 등의 구별을 이용하는 하버마스 역시 이러한 이분법적 발상으로부터 자유롭지 않다.

그런데 해방적 영역이라 불릴 수 있는 것 내부에도 복잡한 권력 장치가 존재한다면 괴물과 해방의 이분법 역시 더 이상 유지되기 어렵다. 문제는 이러한 이분법을 거부하는 사람들은 이 거부로 인해 비판 주체와 비판 대상을 뚜렷이 구별할 수 없게 된다는 것이다. 권력을 비판하는 주체도 그 권력에 연루되어 있기 때문이다. 그리고 그렇기 때문에 그들은 구체적이고 실천적인 사회비판의 기준을 뚜렷이 제시할 수 없게 된다. 그래서 생활세계의 미시 권력에 주목하는 사람들은 우리가 괴물을 변형할 수는 있지만 괴물로부터 벗어날 수는 없다고 말할 것이다. 게다가 그들은 그러한 변형의 객관적 기준을 제시하기 어려울 것이다. 이번 장에서 다룰 미셸 푸코와 다음 장에서 다룰 니클라스 루만은 그런 사상가들이다.

푸코 사상의 세 가지 축과 두 가지 방법론

철학자로도, 역사학자로도, 사회학자로도 불릴 수 있는 푸코는 자신의 죽음을 앞둔 1984년에 『계몽이란 무엇인가?』라는 제목의 글을 쓴다. 이 글은 정확히 200년 전인 1784년에 나온 칸트의 『계몽이란 무엇인가?』와 같은 제목을 단 일종의 헌정문이며, 죽음을 앞두고 자신의 지난 연구 성과들을 결산하는 글이기도 하다. 이 글에서 푸코는 자신이 진행해왔던 연구가 세 개의 축에 따른 역사적 존재론의 물음들을 던지는 것이며 두 개의 방법론으로 이루어져 있다고 말한다. "역사적 존재론"이란 우리의 존재를 역사적으로 고찰하는 것, 쉽게 말해 '내가 어쩌다 지금의 내가 되었는지'를 지금까지 나를 규정해온 관계, 장치 등을 통해 살펴보는 것이다. 따라서 역사적 존재론은 달리 말하면 비판적 존재론, 즉 나와 우리의 한계를 진단하는 것이기도 하다.

이제 푸코가 말한 연구의 세 개의 축과 두 가지 방법론을 살펴보자. 우선, 세 개의 축이란 다음과 같다.

사물에 대한 지배의 관계들인 **지식의 축**

타인들에 대한 행위의 관계들인 **권력의 축**

자기 자신과의 관계들인 **윤리의 축**

그 각각의 축에 따라 다음과 같은 역사적 존재론의 물음이 던져진다.[126]

첫째, "우리는 어떻게 우리 자신의 지식의 주체들로 성립되는가?"

둘째, "우리는 어떻게 권력 관계들을 행사하거나 복종하는 주체들로 성립되는가?"

셋째, "우리는 어떻게 우리 자신의 행위들에 대한 도덕적 주체들로 성립되는가?"

푸코는 자신의 역사적 존재론을 "비판적 존재론"이라고도 부른다. 칸트는 『순수이성 비판』, 『실천이성 비판』, 『판단력 비판』의 3부작을 통해 자연과 관계를 맺는 이론이성, 도덕적 자유를 실현하는 실천이성, 그리고 반성적 판단력이 각각 어떤 한계를 갖는지를 밝히고 각 이성의 월권을 경계한 바 있다. 푸코는 계몽을 위한 칸트의 작업을 보면서 비판 개념의 핵심을 "한계-태도limit-attitude"라고 규정한다. 비판이란 어떤 존재가 무엇을 할 수 있고 무엇을 할 수 없는지 그 한계를 드러내려는 태도인 것이다.

따라서 비판적 존재론이란 역사적으로 우리의 존재를 규정해온 것들의 한계를 분석하고 그에 대해 가능한 위반을 모색하는 것이다.

예를 들어, 우리가 힘들고 졸림에도 불구하고 강의실에 두세 시간씩 앉아 어려운 철학 수업을 듣고 있는 것은 우리가 초등학교 시절부터 훈육 받아왔기 때문이다. 우리는 이러한 훈육의 역사를 통해 일정한 한계 속에 있는 존재가 되었다. 그리고 이 한계에 대한 진단은 이 한계를 근본적으로 제거할 수는 없지만 한계선을 조금 변형하기 위한 노력의 출발점이 될 수 있다.

푸코는 자신의 비판 방법을 "고고학archaeology"과 "계보학genealogy"이라고 부른다.『계몽이란 무엇인가?』에서 그는 비판이 고고학적이라 함은 "모든 지식 혹은 모든 가능한 도덕 행위의 보편적 구조들을 확인하려는 것이 아니라 우리가 생각하고 말하고 행하는 것을 접합하는articulate 담론의 사례들을 그만큼 많은 역사적 사건들로서 다루고자 한다는 의미에서"라고 말한다.[127] 이러한 고고학은 담론의 지층을 탐사하는 연구로서 역사학과 대비되는 것이다. 역사학이 기록으로 남겨진 문헌과 발굴된 유물들을 분석하여 그것들을 연속적 서사로 만드는 학문임에 반해, 고고학은 흔적 그 자체를 중시하고 역사의 불연속성을 받아들인다.

『지식의 고고학』서론에서 푸코는 "역사란, 그 전통적 형태에 있어 유적들monuments을 기억화시키고 그것들을 문서들documents로 바꾸며, 이 흔적들로 하여금 말하게 하고자 시도하는 것"이라고 말한다. 그리고 자신의 시대에는 문서들을 다시 유적들로 변환시키는 작업, 그래서 남겨져있는 요소들을 그대로 펼치는 작업으로 바뀌고 있다고 말한다. 그래서 푸코는 이제 고고학이 역사를 지향하는 것이 아니라 반대의 방향, 즉 "우리 시대의 역사란 고고학으로, 즉 유적

들 고유의 기술記述을 향해 나아간다."고 말한다.[128]

　우리가 흔히 보는 역사책이나 역사 드라마는 그것들 간의 연관성이 불분명하고 정합성이 의심스러운 여러 기록들과 유물들을 역사가의 해석을 통해 하나의 서사로 재구성한 것이다. 그래서 그 서사는 서로 다른 사건들 간의 인과관계를 뚜렷이 설명하며 시간 흐름을 연속적인 것으로 보여준다. 예를 들어, 근대에 와서 신체에 가하는 형벌이 사라진 것은 계몽사상을 통해 인권 의식이 확립되었기 때문이라고 설명한다. 반면에 고고학은 한 시기('지층'이라고 말해도 될 것이다.)의 기록과 유물이 갖는 특징을 있는 그대로 드러내 보여주며, 그것이 다음 시기의 것들과 갖는 단절성을 부각시킨다. 한때 신체형을 통해 작동하던 권력이 감옥의 규율을 통해 작동하는 권력으로 바뀌었고 인권 이념을 강조하면서 인간을 훈육하는 인간과학이 이 권력과 결합되었다고 말할 뿐이다.

　푸코는 비판이 계보학적이라 함은 "우리가 존재하는 형식으로부터 우리가 행할 수 없고 알 수 없는 것을 연역하지 않는다는 의미에서, 오히려 우리에게 우리의 존재를 만들어주었던 우연성으로부터 우리가 존재하고 행하고 생각하는 대로 더 이상 존재하지 않고 행하지 않고 생각하지 않을 가능성을 분리해낸다는 의미에서"라고 말한다.[129] 이 말 그대로를 해석해보자면, 고고학이 우리의 현재적 존재가 과거로부터의 연속적 서사도, 역사적 진보도 아님을 보여준다면, 계보학은 더 나아가 우리의 존재에 부과된 이념을 거부할 수 있는 태도를 가르쳐줌과 동시에 우리가 다르게 존재하고 행하고 생각할 수 있게 해준다. 푸코는 "주제 만들기 방식"과 관련된 고고학적 연구와 달리 계보학적 연구가 "실천과 변화를 통해 주제 만들기를 수행하는 것"과 관련되어 있다고도 말한다. 좀 쉽게 풀어보자면, 계보학은 고고학을 통해 족보의 우연성과 임의성을 깨달은 후 족보가 부과해온 가문의 의무와 다르게 행하고 아예 가문으로부터 이탈해서 살 수도 있게 하는 태도라고 말해도 좋을 것이다. 그리고 우리에게 주어진 한계를 위반할 수 있도록 동력을 제시하는 방법론이라고 말해도 좋을 것이다.

앞서 살펴본 세 개의 축에 따를 경우, 푸코의 저작은 (1)지식의 축, (2)권력의 축, (3)윤리의 축의 순서로 전개되었다고 볼 수 있다. 그리고 이 세 개의 축을 두 개의 방법론과 결합시켜 보면 (1)지식의 고고학, (2)권력의 계보학, (3)윤리의 계보학의 순서로 전개된다.[130] 이에 따른 각 시기의 대표 저작은 (1)『말과 사물』, (2)『감시와 처벌: 감옥의 탄생』과 『성의 역사 1: 앎의 의지』, (3)『성의 역사 2: 쾌락의 활용』과 『성의 역사 3: 자기 배려』 및 유고로 남은 여러 강의록들이다.

근대의 우연성을 드러내고 인간의 사라짐을 전망한 지식의 고고학

고고학적 연구의 대표작인 『말과 사물』에서 푸코는 근대적 담론의 지층을 '에피스테메'* 개념을 통해 분석한다. 『말과 사물』에는 그

---

*그리스어 에피스테메(episteme)는 원래 '앎', '지식', '인식' 등을 뜻하는 단어였다.

정의가 내려져 있지 않은 에피스테메를 훗날 푸코는 "한 시대에 한 담론의 형성을 가능하게 해준 조건들의 집합"으로 규정하며, 푸코 연구자들은 "특정한 시대를 지배하는 인식의 무의식적 체계" 혹은 "다양한 지식에 구조적 통일성을 부여하는 관념 체계" 등으로 규정한다. 그래서 이 개념은 푸코가 왜 구조주의자structuralist인지를 잘 보여준다.

『말과 사물』은 르네상스 에피스테메, 고전주의 에피스테메, 근대 에피스테메의 세 지층을 탐사하는 고고학적 작업이다. 르네상스 시대의 '유사성' 에피스테메는 서로 닮은 사물들을 하나로 모아 기호를 부여하는 것이었다. 작고 어두운 공 모양의 식물은 인간의 눈과 닮았기 때문에 눈의 질병을 치료할 수 있다는 식으로 생각하는 것이 유사성 에피스테메이다. 푸코는 이 에피스테메의 종말을 알리는 대표적인 문학작품으로 17세기 초 세르반테스의 풍자소설 『돈키호테』를 꼽는다. "돈키호테의 여정 전체는 유사성의 추구"이다.[131] 예를 들어, 돈키호테에게 가축의 무리는 군대가 되고, 하녀는 귀부인이 되고, 여인숙은 성이 되고, 풍차는 괴물이 된다. 이 닮음은 언제나 어긋나기 때문에 돈키호테는 웃음거리가 된다. 이 소설 이후 유사성 에피스테메에 머물러 있는 광인은 "무질서한 닮음의 인간", "이성을 잃은 사람"이 된다.[132]

17세기 중엽에 이루어진 사유 구조의 단절에 따라 등장한 고전주의 시대의 에피스테메는 닮음을 비판하면서 시작되었다. 베이컨은 닮은 것에 휩쓸리는 것을 '우상'으로 간주하며, 데카르트는 충분한 비교와 열거 없이 닮았다고 단정하는 태도를 오류로 간주한다.

이제 모든 닮음은 "치수, 공통의 단위, 또는 더 근본적으로 질서, 동일성, 차이의 계열에 의해 일단 발견되고 나서야" 받아들여질 수 있다.[133] 비교와 열거를 통해 성립된 질서 속에서 사물들을 동일성과 차이의 원리에 따라 분류하고 배치하는 것이 고전주의 에피스테메의 핵심이며, 푸코는 이를 '재현representation'이라고 부른다. 여기서 기호와 그것이 재현하는 기호화된 것, 이 두 가지는 유사성이란 매개항 없이 직접 연결된다. 그리고 기호들로 재현되는 각 사물은 그것에 고유한 장소를 부여하는 '표' 속에 배치되며, 이 표를 만들기 위한 분류학이 발전한다. 계界–문門–강綱–목目–과科–속屬–종種의 차례로 세부화하면서 모든 생물들을 동일성과 차이에 따른 표 속에 배치한 칼 폰 린네의 생물분류학이 대표적인 사례이다. 그런데 이러한 재현에서 중요한 것은 표상하는 인간이 아니라 표상 그 자체이다.

근대 에피스테메는 18세기 후반에 이루어진 단절로 등장했다. 근대 에피스테메는 재현에 의해서가 아니라 내재적인 역사성에 따라 사물에 질서를 부여한다. 고전주의 시대의 재현에서는 서로 다른 동물들 사이의 동일성들과 차이들이 표면적인 모습에 의해서만 비교되었고 따라서 차이들이 나타난 역사적 순서는 고려되기 어려웠다. 반면에 근대에는 진화론의 도움으로 동일한 조상으로부터 어떤 차이가 언제 생겼느냐가 동물들의 종류를 구별하는 데 결정적인 기준이 되었다. 다른 예를 하나 더 들자면, 이제 상품의 가치는 그 물건의 표면적 효용을 통해서가 아니라 그 아래에 깔려 있는 노동의 역사를 통해 규정되기 시작한다.

이러한 사물의 질서의 중심에 있는 것은 인간이다. 여기서 인간은 인식의 주체인 동시에 인식의 대상이다. 예를 들어 상품을 인간의 노동이 대상화된 것으로 파악하는 자가 바로 인간이다. 따라서 인간은 경험적인 존재인 동시에 그러한 경험을 가능하게 하는 초월적 존재이기도 하다. 다른 말로 하면, 이제 인간은 관찰되는 관찰자이다. 이전까지 다른 사물들과 함께 나란히 있던 인간이라는 대상은 이제 자기 자신을 포함한 모든 인식 대상의 가능 조건이 된다. 푸코는 다른 사물들과는 완전히 다른 지위에 놓이게 된 이러한 인간은 "최근의 발견물이자 출현한 지 두 세기도 채 안 되는 형상"이라고 말한다.[134] 그리고 이러한 인간은 앞으로 사라질지도 모른다고 진단한다.

근대 에피스테메에서 성립한 '인간과학'은 인간의 존재 방식에 대한 철학적 반성에 기초한다. 그 대표적 사례가 칸트의 이성 비판 시리즈, 즉 『순수이성비판』, 『실천이성비판』, 『판단력비판』의 3부작이다. 칸트는 인간을 경험적인 존재인 동시에 경험의 가능 근거(초월론적인 것)로 다룬다. 푸코는 근대 인간과학을 대표하는 학문으로 경제학, 생물학, 언어학 등을 소개한다. 물론 근대 이전에도 이러한 학문은 있었지만 이 시기에 이 학문들은 자연과학이 아닌 인간과학으로 재정립된다. 예를 들어, 경제학의 경우 18세기 후반으로 오면 중상주의(화폐)와 중농주의(토지) 관점을 넘어서 인간의 노동을 부의 원천으로 간주하게 된다.

푸코는 『말과 사물』의 마지막 부분에서 근대 에피스테메의 종말, 즉 "인간의 사라짐"을 전망한다.[135] 인간이 세계를 구성하는 초월적 주체라는 관념, 즉 인간중심주의는 20세기에 들어와 정신분석학과 문화인류학의 발전을 통해 무너지기 시작했기 때문이다. 인간을 더 이상 주체가 아니라 무의식적 구조 혹은 잠재적 구조의 효과로 간주하는 구조주의적 '반反과학'의 관점에서 볼 때, 인간중심주의는 근대에 한정된 사고방식이다. 그래서 인간을 중심에 놓는 배치가 흔들리게 되면 "인간은 바닷가 모래사장에 그려 놓은 얼굴처럼 사라질지 모른다."[136]

푸코는 흔히 '근대화'라고 부르는 시기를 연속적인 진보로 간주하지 않았다. 오히려 그는 세 가지 에피스테메 간의 단절성을 보여주었고, 이를 통해 근대적 에피스테메의 우연성을 부각시켰다. 이러한 고고학적 연구는 각 시대의 에피스테메가 해당 시대 사람들의 생각하기와 말하기를 지배한다는 것, 즉 인간이 잠재적이고 무의식적인 구조에 종속되어 있음을 보여준다. 그렇다면 우리는 그러한 구조로부터 벗어날 수 없는 것일까? 지식과 권력에 대한 푸코의 계보학적 연구와 뒤에 이어지는 윤리의 축에서의 연구는 우리에게 주어져 있는 장치를 변형할 수 있는 가능성을 보여준다.

지식-권력과 생명-정치의 계보학

『감시와 처벌: 감옥의 탄생』은 지식과 권력에 대한 고고학과 계보학 작업의 대표작이다. 이 책에서 푸코는 고전 시대에서 근대로 이행하면서 범죄자를 다루는 방식이 어떻게 달라졌는가를 보여준다. 푸코는 처벌의 양상이 군중 앞에서 벌어지는 가혹한 신체형에서 감옥의 교화와 훈육으로 바뀐 것이 더 인간적인 방향으로 바뀐 것이라고 보지 않는다. 그는 이 변화를 인간과학의 탄생과 결부시켜 설명한다. 고전 시대에는 광인, 범죄자, 성도착자 등이 사회적으로 배제되었다면, 근대에는 정상/비정상의 구별이 도입되어 그들을 정상적 인간으로 변형시켜 다시 포함하는 것이 관건이 된다. 그래서 감옥에서는 더 이상 신체를 파괴하지 않으며, 그 대신 습관화된 신체적 행위를 만들어낸다. 예를 들어 범죄자들은 "시간표, 일과시간 할당표, 의무적인 운동, 규칙적인 활동, 개별적 명상, 공동작업, 정숙, 근면, 존경심, 좋은 습관" 등으로 이루어진 규율discipline을 몸에 익힌다.[137] 이러한 규율이 효과적임을 입증하는 것이 바로 범죄학, 정신치료 등의 인간과학이다.

영국의 공리주의 철학자 제레미 벤담이 구상한 파놉티콘*과 같은 일망 감시 체계는 수형자가 감시의 시선을 내면화하도록 하여 자기 자신에 대한 감시자가 되게 만든다. 이러한 권력의 장치는 감옥에만 해당되는 것이 아니라 우리 주변에서도 흔히 볼 수 있다. 복도에 큰 창문이 있어서 언제 선생님이 갑자기 들여다볼지 모르는 교실의 구조, 감독관이 2층 난간에서 1층 작업자들을 모두 볼 수 있게 만들어진 공장의 구조, 불법 인터넷 사이트에 접속하면 갑자기 떠오르는 유해정보 차단 알림 화면, 어디에 있는지 정확히 알 수 없을 정

---

*파놉티콘(panopticon)은 '모두'를 뜻하는 라틴어 판(pan)과 '들여다보다'를 뜻하는 라틴어 옵티콘(opticon)의 합성어이며, 벤담이 가장 효율적인 감옥 장치로 고안한 것이다. 감시자가 가운데에 있고 수형자의 방들이 원형으로 둘러 싸여 있어서 감시자가 고개만 돌리면 모든 방들을 볼 수 있는 구조로 되어 있다.

도로 많은 거리의 CCTV 등등. 성장 과정에서 이러한 장치들을 알게 모르게 조금씩 의식하면서 사회화되는 개인들은 점차 감시의 시선을 내면화하게 된다. 그래서 성인이 될 무렵이면 누가 감독하고 있지 않는데도 스스로를 감독하면서 일하고 공부한다.

푸코는 이러한 분석을 통해 권력과 지식이 밀접하게 결합되어 '권력-지식^{pouvoir-savoir}'이라는 복합체로 기능하고 있다고 말한다. 또한 『성의 역사 1: 앎의 의지』에서는 성性에 대한 지식을 기초로 신체를 훈육하여 생명을 관리하는 권력 장치를 개념화하기 위해 '생명-권력^{bio-pouvoir}', '생명-정치^{bio-politique}' 등의 개념을 도입한다. 19세기에 출현한 '성의 장치'는 지식을 통해 신체를 규율하고 인구를 조절하면서 생명의 관리 또는 통제를 정치의 중심 문제로 만든다. 그래서 푸코는 "수천 년 동안 인간은 아리스토텔레스가 이해한 존재, 즉 살아 있고 게다가 정치생활을 영위할 수 있는 동물이었으나, 근대인은 이제 생명체로서 정치에 자신의 생명을 거는 동물"이 되었다고 말한다.*

그런데 푸코가 이러한 권력 장치를 부정적으로만 본 것은 아니었다. 그는 1968년 혁명 이후 광인을 치료하는 정신병원 의사의 권력, 감옥 수형자를 길들이는 권력, 동성애를 병으로 규정하는 권력 등에 대한 반대 운동을 전개한 실천가이기도 했지만, 그렇다고 해서

---

*이 점에서는 근대성에 대한 푸코와 아렌트의 진단이 비슷하다는 점을 확인할 수 있다. 아렌트는 필요의 영역(당연히 성을 포함한다)인 오이코스가 정치적으로 다루어지는 것을 정치경제 혹은 사회적인 것이라고 불렀는데, 이것은 푸코의 생명-정치에 상응하는 말이라 할 수 있다. 그런데 푸코는 이런 권력 혹은 정치를 부정적으로만 보지는 않는다. 미셸 푸코, 『성의 역사 1: 앎의 의지』, 160쪽.

모든 권력 관계로부터의 해방이 가능하다고 보지는 않았다. 오히려 그는 권력 관계를 우리의 능력과 자유를 높이기 위해 반드시 필요한 것으로 간주한다. 예를 들어, 이 책을 즐겁게 읽는 독자는 오랜 시간 독서 능력을 높이기 위한 권력 관계 속에 있었을 것이다. 그리고 푸코는 자유가 권력 관계의 전제라고 말한다. 폭력이 아닌 권력은 자유로운 자들만이 형성할 수 있기 때문이다. 그래서 권력 관계는 우리가 더 자유롭게 발전할 수 있는 가능성을 제공한다.

『성의 역사』 1권은 정신분석학의 '억압 가설', 즉 우리의 성적 욕구가 권력에 의해 억압받고 있다는 진단(프로이트의 오이디푸스 콤플렉스)에 대한 의문을 제시하면서 시작된다. 푸코가 제기하는 물음은 "'왜 우리가 억압 받는가'가 아니라, '왜 우리가 우리의 가까운 과거와 현재 그리고 우리 자신에 대해 그토록 커다란 열정과 강렬한 원한을 품고서 스스로 억압받고 있다고 말하는가'"이다.[138] 그는 섹스를 금기시하고 심판하고 비밀로 만든 18세기와 19세기의 권력이 섹스를 관리하는 동시에 그 비밀스러운 담론들이 어둠 속에서 폭발하게 하고 수많은 성도착과 그에 대한 관심을 불러일으켰다는 점을 보여준다. 예를 들어, 섹스를 관리하기 위한 절차인 고해성사는 역설적이게도 사람들이 얼마나 다양한 성욕을 갖고 있으며 다양한 성적 행동을 하는가에 관한 담론을 활성화시킨다. 권력-지식이 만들어낸 정교한 성의 장치가 역설적이게도 성 담론의 생산성을 높인 것이다. 우리가 억압적이라고 생각하는 권력이 생산적인 담론을 가능하게 한 것이다.

이 책의 결론이 과연 무엇인지, 즉 성의 장치와 결부된 생명-권력에 맞서자는 것인지 아니면 옹호하자는 것인지는 참으로 모호하다. 필자가 볼 때, 푸코의 입장은 장치의 변형, 즉 성이 배치되고 신체가 규율되는 권력 관계의 변형인 것 같다. 푸코 자신과 같은 동성애자를 억압하지는 않지만 그렇다고 모든 성관계를 무조건 허용하지는 않는 다른 형태의 장치를 비판적 존재론을 통해 찾아나가자는 것 아니었을까?

장치의 변형과 자기를 배려하는 주체

그런데 권력 관계 또는 성의 장치를 변형한다 했을 때, 그러한 변형의 기준은 과연 무엇일까? 『계몽이란 무엇인가?』에서 푸코는 우리 자신의 '비판적 존재론' 혹은 '역사적 존재론'의 적극적 내용을 다음의 세 가지로 규정한다.

> 1) 한계-태도: 고고학적 비판과 계보학적 비판을 통해 "'필연적인 한계 설정의 형식으로 수행된 비판'을 '가능한 위반의 형식을 취하는 실천적 비판'으로 변형하는 것"이다.
> 2) 특정한 변형, 부분적 변형: 전체적이고 근본적인 변형을 추구하는 모든 프로젝트로부터 등을 돌려야 하며, "우리의 존재 방식 및 사고방식, 권위에 대한 관계들, 양성 간의 관계들, 우리가 광기나 질병에 대해 지각하는 방식 등 몇몇 영역에서 가능한 것으로 입증된 매우 특정한 변형"을 추구한다.

3) 능력들의 성장을 권력 관계 강화로부터 떼어놓고, 실천 체계들을 연구할 것: 계몽이 약속했던 능력capacity의 성장이 집단적 규율, 국가 권력의 정상화 절차 강화 등으로 귀결되어 권력 관계를 강화한 역설을 끊어낼 방도를 찾아야 한다. 이를 위해서는 "사물들을 통제하는 관계들, 타인들에 대한 행위의 관계들, 자기 자신과의 관계들", 이 세 가지 영역을 체계적으로 연구해야 한다.

1980년대의 푸코는 이 세 가지 작업 영역 중 세 번째, 즉 '자기 자신과의 관계'에 연구를 집중한다. 이 관계에 관한 연구를 그는 '윤리학'이라고 부른다. 1976년에 1권이 출간된 후 8년 만에 나온 『성의 역사』 2권과 3권에서 푸코는 고대 그리스와 로마로 관심을 돌린다. 아렌트가 근대 비판을 위해 소크라테스학파 이전의 폴리스 전성기로 관심을 돌렸다면, 푸코는 소크라테스학파와 그 이후의 헬레니즘 철학자들이 어떻게 쾌락을 활용하고 자기 수양을 했는지에 관해 관심을 기울인다.

푸코는 "자기 자신을 확실히 감독하고 자기 집안을 관리하며 도시국가의 통치에 참여하는 것", 즉 동양식으로 말하자면 수신제가치국修身齊家治國의 기술을 연마하던 자유인의 삶을 연구한다.[139] 이 연구를 통해 그는 외부의 규범으로부터 영향을 받거나 의무에 짓눌리지 않고 자기를 돌보기 위해 쾌락을 활용하고 절제하는 주체를 발견한다. 기원전에서 기원후로 넘어가면서 아프로디테의 행위인 '아프로디지아aphrodisia', 즉 성적 쾌락을 불러일으키는 행위에 대한 고대인들의 엄격함은 점차 강화된다. 기원전 그리스에서 빈번했던 혼외 관계가 비난을 받게 되며, 소크라테스와 플라톤의 시대에는 인간과의 에로스 중 최고의 단계로 칭송받았던 소년애*에 대한 평가절하 작업이 이루어진다. 또한 성행위의 부정적 결과에 대한 의사들의 권고도 엄격해진다. 그런데 푸코는 이러한 변화가 나중에 기독교에 의해 이루어질 금욕주의적 변화와 큰 차별성을 갖는다는 점을 강조한다. 기독교가 성적 금기를 어기는 활동을 자연에 반反하는 것으로 죄악시하고 위반자를 법률에 복종하도록 만드는 데 반해, 헬레니즘 시대에 엄격해진 성행위의 규약들은 자기 자신을 잘 돌보기 위한 "삶의 기술"에 따른 것이기 때문이다.[140] 기독교가 무분별한 성행위를 한 자를 악마로 간주하고 처벌하는 데 반해, 헬레니즘 철학자들은 아마도 그런 자를 삶의 기술이 없어서 스스로를 망가뜨렸다고 비난하는 데 그칠 것이다.

　한때 '인간의 죽음'을 말했던 푸코는 말년에 자기비판까지 하면서 근대적 주체와는 다른 새로운 주체를 고대에서 발견한다. 그리고 푸코는 이러한 절제하는 주체가 "후에 기독교적 정신성에서 그럴 것 같이 욕망의 해석학에 이르는 것이 아니라, 그와는 반대로 존재의 미학을 향하게 된다"고 말한다.[141]

　'욕망의 해석학'은 욕망 계산법, 즉 지금 욕망을 억누르면 뒤에 얼마나 더 큰 욕망을 충족할 수 있는가에 관한 계산법으로 이해하면 된다. 예를 들어, 기독교는 현세에서의 금욕 생활이 사후의 천국을

---

*플라톤의 『향연』을 보면 최고의 에로스인 아름다움과 지혜 그 자체에 대한 사랑에 이르기 전에 인간에 대한 사랑 중 최고로 평가되는 것이 철학자가 아직 수염이 나지 않은 아름다운 소년에게 지혜를 가르치면서 맺는 사랑이다.

보장한다고 설교한다. 오늘날에도 수많은 사람들이 지금 자신의 욕망을 억누른 대가로 미래에 어떤 이익, 명예 등을 얻기를 바란다. 지금 억지로라도 공부를 열심히 하면 나중에 연애도 하고 향락도 누리리라 기대한다. 지금 억제한 욕망이 나중에 가져올 값어치를 계산하는 해석 작업에 몰두하고 있는 것이다.

반면에 존재의 미학을 추구하는 주체에게 중요한 것은 이러한 외적 관계가 아니라 자기와의 관계이다. 그래서 삶의 기술로서의 절제는 자기를 잘 돌보는 일이지 그 대가로 어떤 보상이 따르는 것이 아니다. 예를 들어, 지금 공부를 열심히 하는 것은 미래의 향락을 위한 금욕이 아니라 바로 지금 나 자신을 아름답게 만들고자 하는 노력이다. 자기 존재를 아름답게 가꾸는 것 또는 자기 배려에는 다른 외적인 목적이 없다.

푸코의 이러한 '윤리·영성적 방향 전환'은 많은 논란을 불러일으켰다.[142] 개인주의로 도피했다는 비판, 보수화되었다는 비판 등을 받았다. 하지만 윤리학이 앞서 본 연구의 세 축 중 하나이고 여전히 고고학적이고 계보학적 작업을 수행하고 있다는 점을 고려할 때, 이러한 비판은 다소 성급한 것이다. 이 방향 전환으로 인해 『말과 사물』이나 『감시와 처벌』에서 수행했던 다른 축들에서의 작업이 폐기되는 것은 아니기 때문이다.

푸코는 비판적 존재론과 존재의 미학을 통해 우리에게 괴물과 함께 살아가는 법을 다음과 같이 알려준다.

괴물이 우리에게 부과한 한계를 분석하고 위반의 가능성을 모색하라. 하지만 괴물 전체를 근본적으로 변형하려는 무모한 시도는 하지 말고 특정한 변형을 시도하라. 중요한 것은 자기 자신이니 우선 자기를 잘 돌보라. 자기를 돌볼 때 괴물의 시선으로 보지 말고 스스로 규칙을 세워 절제 있는 삶을 살아라.

9장

괴물은
기능적으로 분화된 괴물이고
나는 나일 뿐이다. 그런데…

니클라스 루만

인간을 (사회 자체의 일부가 아니라) 사회의 환경의 일부로 간주하면,

모든 전통적 문제 설정의 전제들이 바뀌며, 따라서

고전적 휴머니즘의 전제들도 바뀐다. 이렇게 바뀌는 것이

전통과 비교해 인간이 덜 중요하게 평가된다는 것을 뜻하지는 않는다.

그렇게 추측하는 사람은 (이러한 제안에 대한 모든 논박은

공공연히 또는 은밀하게 이런 가정을 깔고 있다) 체계이론의

패러다임 전환을 파악하지 못한 것이다.

체계이론은 체계와 환경의 차이라는 단위로부터 출발한다.

환경은 이러한 차이의 구성 계기이며, 따라서 체계에게 환경은

체계 그 자체보다 덜 중요한 것이 아니다. (…) 인간을 사회의

환경의 일부로 이해할 때, 인간을 더 복잡하고 덜 묶여있는 것으로

파악할 수 있게 된다. 왜냐하면 환경은 체계와 비교해 더 복잡하고

더 적게 질서지워져 있는 영역이기 때문이다.

인간에게는 그의 환경과의 관계에서 더 높은 자유,

특히 비이성적이고 비도덕적으로 행동할 수 있는 자유가 허용될 것이다.

인간은 더 이상 사회의 척도가 아니다.

휴머니즘의 이념은 지속될 수 없다. 왜냐하면

과연 누가 진지하게 숙고하면서도, 사회가 인간, 두뇌 등의

형상에 따라 형성될 수 있을 것이라고 주장하려 하겠는가?

– 니클라스 루만, 「사회적 체계들」[143]

체계와 환경의 차이를 통한 사회와 인간의 구별

"인간의 사라짐"을 말했던 초기의 푸코와 "자기 배려"를 말하며 다시 인간 주체에 관심을 기울인 후기의 푸코는 상당히 모순된 것으로 보인다. 하지만 푸코가 사라질 것이라고 예언한 그 인간을 근대적 지식-권력 혹은 생명-권력에 의해 규율된 인간의 전형으로 간주한다면, 그리고 스스로를 돌보는 인간을 주어진 사회구조에 의해 규정되지 않으며 따라서 누구와도 동일시될 수 없는 개인으로 간주한다면, 푸코의 이 두 가지 인간은 모순되지 않을 수 있다. 전자가 표준화된 근대인이라면 후자는 그 한계를 넘어서는 개성적 인간이며, 이 두 인간은 사실 현대 사회를 살아가는 우리 자신의 양면적인 모습들이기 때문이다.

우리는 기성의 사회구조에 따라 사회화된 '인간 일반human being'과 이렇게 형성된 존재를 고고학적-계보학적인 비판을 통해 변형하는 실험을 하며 자기를 돌보는 유일무이한 '개인individual'을 구별할 수 있다. 인간 일반은 사회 속에서 정치가, 소비자, 학생 등의 '역할'을 맡을 수 있지만 이런 역할로서의 인간은 다른 사람들과 비교될 수 있고 다른 사람들로 대체될 수 있다. 하지만 이러한 역할들로 환원될 수 없는 유일무이한 개인은 주어진 역할을 수행하기만 한 자신을 비판하고 지금까지와는 다른 실험적 삶을 시도할 수 있다.

그런데 새로운 삶을 다른 사람들과 공유하려는 순간 그것은 다시 사회 속에 포섭되는 것이다. 니클라스 루만에 따르면, 사회는 "모든 사회적인 것을 자신 안에 포괄하며, 따라서 어떤 사회적 환경도 알지 못하는 포괄적인 사회적 체계"이기 때문이다.[144] 그래서 개인은 혼자만의 반성의 시간 이외에는 순수하게 자기를 배려할 수 없다. 그럼에도 이러한 고독한 반성의 시간은 '사회 속의 인간'이 아닌 '사회와 구별되는 개인' 또는 '사회적 존재로서의 자신과 구별되는 개인'을 떠올려볼 수 있게 한다. 즉 '사회와 개인society and individual'이라는 끊어밝힘Abklärung*을 가능하게 한다. 인간 지성이 계속 고양될 것이라는 전통적인 철학적 계몽Aufklärung과 달리 루만의 사회학적 계몽 혹은 끊어밝힘은 '인간'을 신체적 차원, 심리적 차원, 사회적 차원으로 끊어서 규명한다.

인간이 한편으로는 사회와 함께 살아갈 수밖에 없는 사회적 존재이면서도 다른 한편으로는 사회와 뚜렷이 구별되는 독자적인 개인이라는 생각은 체계이론의 개념들을 이용할 경우 명료하게 표현될 수 있다. 전통적인 사고는 사회와 개인의 관계를 전체와 부분의 관계로 간주한 데 반해, 체계이론은 이 관계를 체계와 환경의 '차이'로 다룬다.

루만의 체계이론이 다루는 대상은 '체계System'이다. 루만은 "체계들이 있다"는 명제에서 출발하는데, 여기서 체계란 '체계와 환경의 차이'에 의해 지칭된다. 이 명제는 "사물들이 있다", "실체들이

---

*루만은 1971년에 자신의 첫 번째 논문모음집에 『사회학적 계몽(Soziologische Aufklärung)』이라는 제목을 붙이고, 이러한 계몽의 과제를 독일어로 '압클래룽 데어 아우프클래룽(Abklärung der Aufklärung)'이라고 표현한다. 이 말은 "철학적 계몽의 정화(淨化)" 정도로 번역될 수 있는데, 필자는 독일어 압클래룽(Abklärung)의 압(ab)이 '끊음'의 의미를 갖고 있고 클래룽(Klärung)이 영어 클리어링(clearing)에 해당하므로 "끊어밝힘"으로 번역하는 것이 루만의 의도를 잘 반영한다고 본다.

있다", "주체가 있다", "정신이 있다", "세계가 있다" 등을 이론의 출발점으로 삼지 않는다는 것을 뜻한다. 그것들을 둘러싼 주변세계(환경)와 구별되는 체계들은 경계를 그으며 작동하고 있다는 의미에서 산이나 바다 같은 사물이 아니며 그 바깥과의 경계를 갖지 않는 세계도 아니다. 그리고 이 세계 속에 자명하게 미리 주어져 있고 계속 존재하는 실체도 아니며(플라톤의 이데아), 모든 회의를 통해서도 회의될 수 없는 주체도 아니며(데카르트의 코기토), 타자를 끊임없이 자기 안에 포섭하는 정신도 아니다(헤겔의 절대정신). 루만에 따르면, 체계는 자신의 작동 과정operation process을 통해 스스로 환경과의 경계를 긋는 체계들이며, 그 작동 과정이 멈추면 더 이상 체계가 아니다. 루만은 이러한 체계들을 다음과 같이 분류한다.[145]

(2)에서 기계들을 제외한 나머지 세 가지 종류의 체계들은 체계의 요소들을 체계 스스로 생산한다는 점에서 '자기지시적self-referential'이고 '자기생산적'인 체계들이다. 즉 체계는 자신의 요소를 스스로 만들지 체계의 환경으로부터 받아들이지 않는다는 의미이다. 자기생산autopoiesis은 세포를 이루는 요소들인 유기분자가 자기증식을 통해 재생산되지 환경의 영양분을 통해 재생산되는 것은 아니

라는 점에 주목한 칠레의 생물학자 움베르토 마뚜라나와 프란시스코 바렐라에 의해 탄생한 개념이다. 환경으로부터 몸에 공급되는 영양분은 생명의 자기생산에 필수적인 인프라이긴 하다. 하지만 영양분이 세포로 바뀌는 것은 아니다. 그럴 경우 돼지고기를 많이 먹는 사람의 몸은 점차 돼지 세포로 대체될 것이다. 환경으로부터 에너지를 공급받지만 요소적 차원 혹은 작동적operational 차원에서는 철저하게 닫혀 있어야만 체계의 자기생산은 계속된다.

　루만은 이러한 자기생산 개념을 자신의 체계이론에 가져오되, 이 개념을 심리적 체계들과 사회적 체계들에도 확대하여 적용한다. 그래서 심리적 체계들은 의식작용(또는 생각)이 의식작용을 스스로 생산하는 체계들로, 사회적 체계들은 커뮤니케이션이 커뮤니케이션을 스스로 생산하는 체계들로 규정된다.

커뮤니케이션할 수 없는 인간

체계에 대한 이러한 분류에 따를 때, 인간은 몸으로는 생명 체계, 의식으로는 심리적 체계이다. 그러나 하나의 사회적 체계일 수는 없다. 루만은 사회적 체계들의 층위에서 인간은 '인격person'으로 관찰된다고 말한다. 인격이란 커뮤니케이션들이 자기생산을 위해 주소지로 사용하는 것이다.* 루만은 커뮤니케이션은 그 자체로는 '행위'가 아니며 어떤 인격에게 '귀속'될 때만 행위로 관찰된다고 말한다.

　그래서 체계이론에서 인간은 몸과 의식으로는 각각 하나의 개체이지만, 사회적 체계와 관련해서는 그 자체로는 개체(인격, 개인)가 아니다. 커뮤니케이션들을 통해 그가 통지하는 자(발신자) 혹은 이해하는 자(수신자)로 간주되어 인격적 개체가 되었을 때, 즉 사회적 체계들에 포함되었을 때, 인간은 인격 혹은 개인으로 간주된다. 따라서 인간은 사회화를 통해서만 사회적 개인인 인격이 된다. 영어 퍼슨person의 어원인 그리스어 페르소나persona는 연극 무대에서 쓰는 '가면'이라는 뜻을 갖고 있다. 하나의 몸으로 태어나 외부 세계를 의식하면서 성장하는 인간은 커뮤니케이션 상황들에서 가면을 씀으로써 사회적 개인이 되는 것이다. 약속을 지키고 책임을 다하거나 아니면 거짓말을 하고 속임수를 쓰는 것은 모두 인격이라는 가면을 쓰고 하는 커뮤니케이션 행위이다. 물론 이러한 사회화 과정은 의식이라는 심리적 체계의 자기생산을 동반해야 하고, 심리적 체계의 자기생산은 생명 체계의 자기생산을 동반해야 한다.

루만은 '인간이 커뮤니케이션한다'고 생각하거나 '커뮤니케이션은 상호주관적intersubjective'이라고 생각하는 사람들을 향해 "인간은 커뮤니케이션할 수 없고 커뮤니케이션만이 커뮤니케이션할 수 있다. 커뮤니케이션 체계와 마찬가지로 의식 체계들도 (그리고 의식 체계의 다른 쪽 면에서는 두뇌, 세포 등도) 서로 접촉을 유지할 수 없는 작동상 닫힌 체계들이다. 의식과 의식 사이에 사회적으로 매개되지 않은 커뮤니케이션은 없으며, 개인과 사회 사이에 커뮤니케이션은

---

*이 책의 독자 대부분은 '정성훈'의 유기체를 본 적이 없을 것이다. 여러분들은 '정성훈'을 이 책의 저자로서, 즉 커뮤니케이션의 발신자로서만 접촉한다.

존재하지 않는다"고 단호하게 말한다.[146] 인간이 커뮤니케이션할 수 없다는 말은 인간이 말하지 못하거나 쓰지 못한다는 말도 아니고 듣지 못하거나 읽지 못한다는 말도 아니다. 인간이 그런 행동을 하긴 하지만, 그런 행동만으로 커뮤니케이션이 성립되는 것은 아니다. 또한 여러 인간들이 그런 행동을 한다고 해도 그 의식들 사이에는 어떤 것도 공유되지 않는다. 누구도 상대방이 무슨 생각을 하는지 꿰뚫어볼 수 없다. 그래서 블랙박스인 심리적 체계들 사이에는 어떤 상호적인inter 것도 불가능하기 때문에 상호주관적인intersubjective 것은 형성될 수 없다. 그래서 루만은 아무런 상호주관적 공유가 없는 둘 이상의 관여자들에 의해 정보, 통지, 이해라는 3단계가 성립하는 것을 커뮤니케이션으로 규정한다. 그리고 커뮤니케이션은 개별 의식들로부터 작동상 구별되며 독자적인 현실을 형성한다고 말한다.

지금까지 설명한 루만의 주장들을 좀 더 쉽게 이해하려면 우선 커뮤니케이션이 결코 그에 관여하는 한쪽의 의도에 의해 성립하지 않는다는 점, 그리고 둘의 의도가 합의되어야 비로소 성립하는 것도 아니라는 점을 받아들여야 한다. 정보, 통지, 이해의 3단계로 이루어지는 커뮤니케이션의 일상적 사례를 통해 좀 더 자세히 살펴보자.

철수가 영희를 좋아하는 마음을 담아 영희에게 "당신에게서 꽃 내음이 나네요"라고 편지를 보냈다고 하자. 철수는 수많은 '정보'(영희를 좋아하는 마음)를 갖고 있지만, 그중 극히 일부만 '통지'했다. ("당신에게서 꽃 내음이 나네요"를 편지로 쓴다). 그리고 그중 극히 일부만 영희가 '이해'한다. ("당신에게서 꽃 내음이 나네요"라는 글을 읽고 그로부터 자신을 좋아하는 마음을 빼낸다). 루만에 따르면, 이해란 정보와 통지의 구별이다. 이렇게 해서 하나의 커뮤니케이션, 즉 일어났다가 곧바로 사라지는 사건이 발생한다. 그리고 영희가 다시 '정보'(나도 당신이 좋아요)를 선택한 후 '통지'("당신의 향기보다는 못하답니다")하고 철수가 이를 이해하여 다음 커뮤니케이션이 이어진다면, 하나의 커뮤니케이션 체계가 성립한다.[147]

대략 이것이 루만의 커뮤니케이션 개념이다. 즉 커뮤니케이션은 타아Alter의 정보 선택과 통지 선택, 그리고 자아Ego의 이해를 통해 성립하는 단위이다. 그래서 이 단위는 타아의 것도 아니고 자아의 것도 아니며 둘 모두의 것도 아니다. 또한 둘 사이의 합의나 일치를 필요로 하는 것도 아니다. 우리가 흔히 '오해'라고 부르는 것도 그런 오해에도 불구하고 커뮤니케이션이 이어진다면 '이해'이다. 이해와 오해의 구별, 그리고 하버마스식 구별인 상호이해지향적 태도와 전략적 태도의 구별은 상대방의 의식을 꿰뚫어볼 수 없기 때문에 불가능하다. 커뮤니케이션에서는 과정의 중단(체계의 소멸)과 연속(체계의 재생산)이 있을 뿐이다.

하나의 커뮤니케이션이 다음 커뮤니케이션으로, 그리고 그 다음 커뮤니케이션으로 계속 이어지는 일은 그 자체로는 매우 비개연적인 일, 좀 과격하게 말하자면 기적적인 일이다. 길거리에서 처음 마주친 사람이 나에게 철학에 관해 토론하자고 말을 걸면서 시작된 커뮤니케이션이 계속 이어질 가능성은 극히 낮다. 반면에 연인들 사이에서 다음 데이트, 또 그 다음 데이트로 커뮤니케이션이 이어질 개연성은 높다. 잔고가 충분한 체크카드를 들고 대형마트에서 물건을 사는 커뮤니케이션으로부터 이어지는 화폐 커뮤니케이션의 연쇄도 매우 개연적이다. 기적이 일어날 가능성이 이렇게 높아지는 이유는 뭘까? 앞의 비개연적인 커뮤니케이션 사례에서는 타아와 자아의 이중적 우연성double contingency, 즉 둘 다 어떤 선택을 할지 정해져 있지 않다는 우연성이 극복되기 어렵지만, 후자의 사례에서는 기존에 형성된 "기대 구조"에 따라 이러한 이중적 우연성이 어느 정도 극복된다.[148] 하나의 커뮤니케이션이 계속 이어질 가능성에 엄청난 격차를 낳는 이런 구조는 누군가가 마음먹는다고 쉽게 바뀌는 것이 아니다. 그래서 루만은 커뮤니케이션 체계는 심리적 체계들로 결코 환원될 수 없는 창발적emergent인 것이라고 말한다.

그런데 루만은 커뮤니케이션이 반드시 둘 이상의 의식과 구조적으로 결합structural coupling되어야 일어난다는 점을 부인하지 않는다. 의식들이 몸들에 구조적으로 결합되어 있다는 점 역시 마찬가지이다. 그래서 의식들의 동기유발motivation에 실패하면 커뮤니케이션 체계의 자기생산은 중단된다. 하지만 이 의식 작용들은 사회적 체계들의 환경에 있는 인프라일 뿐이지, 이 체계들 자체의 구성요소가 아니다. 즉 의식들은 사회적 체계들에게 있어 필수적인 환경의 부분들이다. 의식들에게는 신체 또한 그것들의 환경의 부분들이다. 그래서 인간은 사회라는 체계의 요소가 될 수 없고 그 체계의 환경에 놓이게 된다.

인간은 커뮤니케이션할 수 없다는 루만의 주장은 사회가 인간으로 구성되어 있지 않다는 주장과 연결된다. 루만은 지금까지의 사회학이 가졌던 인식론적 장애물의 첫 번째를 "사회는 구체적인 인간들로, 그리고 인간들 사이의 관계들로 이루어진다"는 가정이라고 말한다.[149] 루만에게 있어 사회의 요소는 오직 커뮤니케이션들인 것이다.

기능적으로 분화된 사회에서의 개인 정체성

루만은 기능적으로 분화된 현대 사회 이전에는 '인간이 사회의 환경에 놓여있다'는 점을 뚜렷이 인식하기 어려웠다고 말한다. 전통 사회에서는 태어남과 동시에 속하게 되는 사회적 체계, 즉 가족, 부족, 마을 등에 의해 한 개인의 정체성이 규정되었기 때문이다. 그래서 개인은 자신을 자신이 속한 사회적 체계와 쉽게 동일시하곤 했다. 가령 조선 시대에는 성균관에 들어가더라도 어느 가문의 누구로서 들어갔고, 관직을 얻더라도 가문의 일원으로 입신양명한 것이었다. 결혼도 개인의 연애나 결합이 아니라 어디까지나 가문의 결합이었다. 인생사 모든 것이 가문의 이름으로 행해지는 전통 사회에서 '나는 누구인가?'라는 물음은 심각한 물음이 아니었다.

전통 사회, 즉 근대 이전에는 분절적 분화(예컨대 부족들, 국가들), 중심/주변 분화(그리스인/야만인, 도서/농촌, 제1세계/제3세계), 계층적 분화(양반/중인/상민/천민, 귀족/평민/노예) 등이 주도적인 사회의 분화 형식들이었다. 그런데 근대로 들어오면서 이러한 사회 분화 형식들은 기능적 분화functional differentiation가 주도적 분화 형식으로 자리 잡으면서 점차 부차적인 것이 된다.* 정치, 경제, 법, 학문, 교육, 예술, 종교 등 사회의 문제를 전문적으로 다루는 영역들로 나누어지는 분화 형식이 다른 분화 형식들을 압도하게 되면, 인간은 자신의 정체성을 사회의 어느 한 부분체계와 완전히 동일시할 수 없게 된다. 현대인이 학교에 진학하거나 회사에 취직할 때 가족 구성원의 자격으로 그렇게 하는 경우는 드물다. 현대 사회에서는 ○○대인, ○○당원, ○○맨과 같은 정체성은 물론이고 심지어 한국인이라는 정체성까지도 변화 가능하다. 물론 가끔 학교나 직장, 국가와 자신을 동일시하는 사람들도 있긴 하다. 하지만 이런 사람들은 시대착오적 인물 또는 조직의 도구가 되어버린 사람으로 여겨지기 마련이다.

현대 사회에서 인간은 사회화 과정을 겪지 않으면 (인간이긴 하되) 인격이 될 수 없다. 사회화 과정을 통해서만 인간은 사회에 포함될 수 있다. 이 과정은 인격적 개체성personal individuality을 획득하는 과정이기도 하다. 교육을 받고 훈련을 하고 여러 가지 커뮤니케이션 매체들**을 다루는 방법을 익혀야만 진학할 수 있고, 취직할 수 있고, 투표할 수 있고, 소송할 수 있고, 토론할 수 있고, 연애할 수 있고, 결혼할 수 있다. 루만은 이렇게 인간이 사회의 부분체계들(현대에는 '기능체계들')에서 인격이 되는 것(커뮤니케이션의 주소지로 되는 것)을 '포함inclusion'이라고 부르며 그 반대의 경우를 '배제exclusion'라

---

*예를 들어, 루만은 현대 사회를 '세계사회'로 간주하며 국가들로의 분절은 정치의 자기관찰 형식에 머물게 되었다고 보며, 경제, 학문 등의 기능 영역들을 국가별로 구별하는 것은 불가능해졌다고 말한다.
**이런 매체들에는 글, 인쇄 매체, 전자 매체 등의 '확산 매체'뿐 아니라 권력, 화폐, 진리, 사랑 등 커뮤니케이션의 성공 가능성을 높여주는 '상징적으로 일반화된 커뮤니케이션 매체'도 포함된다. 확산 매체는 커뮤니케이션의 중복을 가능하게 하는 매체이고, 상징적으로 일반화된 커뮤니케이션 매체는 제안된 커뮤니케이션이 비개연적인 경우에도 수용 가능성을 높이는 성공 매체이다.

고 부른다. 가족은 포함의 과정을 도와줄 수 있지만 대신해줄 수 없다. 그리고 이렇게 개인화(인격적 개체화)된 다맥락적 포함의 과정에서 획득하는 것은 기능 영역들의 해당 조직들에서 차지하는 '역할들'이지 자신의 고유한 정체성이 아니다. 역할은 유일무이한 것이기 아니기 때문이다.

그래서 현대인은 '나는 누구인가?'라는 물음에 대해 '나는 나다'라는 동어반복^{tautology}으로밖에 답할 수 없다. '나는 ○○이다'의 ○○ 자리에 무엇을 집어넣는다 하더라도 나를 온전히 표현할 수 없기 때문이다. 그래서 이렇게 온전히 표현될 수 없는 나를 그런 것처럼 대해주는 사회적 관계, 즉 나를 역할로서가 아니라 유일무이한 개인으로 확인해주는 관계에 대한 욕구가 커진다. 루만은 현대 사회에서 확산된 이러한 독특한 사회적 관계를 '친밀관계$^{intimate\ relations}$'라고 부른다. 현대 사회에서는 역할에 따른 익명적이고 비인격적인 관계들의 가능성도 확대되지만, 인격들이 서로를 유일무이한 세계를 가진 자로 확인해주는 밀도 높은 관계에 대한 욕구도 동시에 커진다.

루만의 1982년 저작 『열정으로서의 사랑$^{Liebe\ als\ Passion}$』에 따르면, 17세기 후반 '열정^{passion}'이라는 명분을 갖고 사회적으로 정당화되기 시작한 '사랑'은 18세기 말 섹슈얼리티 및 결혼과 결합되면서*우정을 누르고 친밀관계의 주된 형식으로 자리 잡는다. 누구나 신분

---

*17세기와 18세기의 연애소설에서 주인공들은 대체로 조혼을 한 기혼자들이었기 때문에 성적 관계로의 발전이나 결혼은 그들의 관심사가 아니었다.

을 비롯한 수많은 사회적 장벽을 극복하고 연애할 수 있으며 그 사랑은 성관계를 연기함으로써 결혼과 행복한 가정으로 완성된다는 '낭만적 사랑romantic love'의 의미론이 바로 그것이다.[150] 낭만적 사랑은 다른 요인들 때문에 사랑하는 것이 아니라 오직 사랑하기 때문에 사랑한다는 공식을 확립한다.

커뮤니케이션의 성공을 돕는 매체들

'사랑을 위한 사랑', '진리를 위한 진리', '예술을 위한 예술' 등은 기능적 분화 덕분에 가능해졌다. 현대 사회에서는 돈이 많다고 곧 권력을 좌지우지하거나 연애를 하게 되는 것은 아니며, 권력을 잡았다고 곧 진리를 바꾸거나 좋은 성적을 받는 것은 아니다. 또한 진리를 깨달았다고 곧 아름다운 사람 혹은 선한 사람이 되는 것은 아니다. 옛날이야기에 등장하는 공주는 판에 박힌 듯 모두 예쁘고 왕자는 모두 용감하지만, 오늘날 우리는 대통령이나 국회의원이 미인이길 기대하거나 뛰어난 학자이길 기대하지 않는다. 오히려 정치인이 돈까지 많다거나, 부자가 연애마저 잘 한다면 이것을 다소 부정적으로 본다. 각 기능 영역들 사이의 연결고리가 차단되어야 한다고 보는 것이다.

루만의 매체이론에 따르면, 각 기능체계들 사이의 연결고리가 차단된 것은 사회의 기능체계들이 탈도덕화 되고 각 영역별로 커뮤니케이션의 성공 가능성을 높이는 '상징적으로 일반화된 커뮤니케이션 매체들'이 성립했기 때문이다. 중세까지 커뮤니케이션의 성공—누군가의 정보 선택 및 통지 기호 선택이 다른 누군가의 이해와 새로운 정보 및 통지 기호 선택으로 이어지는 일—은 '종교'와 '도덕'이 보장했다. 정치와 법은 이러한 포괄적 도덕의 영향력 아래 있었다. 그래서 악마적 예술이나 신성하지 못한 진리는 배척당했다. 그에 반해, 현대화 과정에 분화된 매체들인 권력, 소유, 진리, 사랑, 예술, 가치들과 권력의 이차 코드화 매체인 법, 소유의 이차 코드화 매체인 화폐 등은 각각의 맥락에서만 "제안된 커뮤니케이션에 대한 거절이 개연적인 경우에도 수용을 기대할 수 있게 만드는 기능"을 갖는다.[151] 예를 들어, 권력은 민방위소집 통지서 한 장으로 밤새 술을 마신 30대 아저씨가 아침 7시에 초등학교 운동장에 서 있을 수 있게 하며, 화폐는 그냥이라면 절대로 하지 않을 더럽고 힘든 일을 할 수 있게 한다. 그리고 사랑은 피곤에 찌든 상태에서도 연인의 모든 제스처와 말의 뉘앙스에 집중하면서 맞장구칠 수 있게 한다. 하지만 소집 통지서로 상품을 살 수는 없으며, 돈을 많이 낸다고 재판에서 이길 수 없고, 권력으로 사랑을 쟁취할 수도 없다.

　　도덕의 지배로부터 벗어난 현대 사회에서 각각의 기능체계는 각기 고유한 기능을 전담한다. 정치는 종교적 중립을 택하면서 집단적으로 구속하는 결정의 기능만 담당하고, 법은 실정화되어 절차에 따라 판결한다. 각각 고유한 코드와 프로그램에 따라 작동하는 기능체계들은 오직 그 기능 자체가 의문시되는 위기 상황에서만 도덕적 커뮤니케이션에 의존한다. 예를 들어, 정치에서는 부정선거, 경제에서는 위조지폐, 법에서는 재판관의 뇌물 수수, 과학에서는 논문

표절, 스포츠에서는 약물 사용이나 심판 매수 등이 일어날 때 그런 행위자들을 악인으로 규정하는 도덕 커뮤니케이션이 들끓게 된다. 하지만 기능체계들의 작동이 정상화되면 도덕은 다시 뒤로 밀려난다.[152]

정상적인 경우에 "규범적 기대를 안정화"하는 기능은 법이 전담한다. 루만에 따르면, 기능적으로 분화된 현대 사회에서 법은 정치와 경제의 갈등을 조정하는 등 기능적 분화를 유지하는 '면역 체계'로 기능한다. 예를 들어 이 면역 체계는 한편으로는 재산권을 침해하는 정치적 결정에 제동을 걸며 다른 한편으로는 기업의 정치권 로비를 제한한다. 그리고 루만은 보편적 인권이 인간의 자연 본성으로부터 나오는 권리가 아니라 기능체계들의 요구에 따라 생긴 권리라고 본다. 기능체계들은 미래에 생길 문제의 해결을 위해 누가 필요할지를 미리 말할 수 없기 때문에 특정 신분이나 특정 집단만이 사회적으로 포함되는 것을 원치 않는다. 누가 물리학의 난제를 해결할지, 누가 새로운 음악 세계를 열어젖힐지, 누가 아이폰을 뛰어넘는 혁신적인 상품을 내놓을지 미리 정할 수 없기 때문에 모두에게 평등한 기본적 권리가 부여되는 것이다. 그래서 루만은 인권을 현대 사회의 "구조적 명령"[153]이라고 부른다.[154]

기능적 분화의 침식, 포함과 배제의 차이 첨예화

그런데 각 기능체계는 그 나름의 체계/환경 차이에 따라 작동하기 때문에 전체 사회의 구조 유지나 그 생태학적 위기에 대해 무관심하다. 기능체계들 간의 상호견제가 약화되면, 목적 지향이 강한 기능체계들은 고유의 실적 추구에 전념할 뿐 전체 사회를 고려하지 않는다. 루만은 1990년대의 저서들에서 경제, 학문 등 목적 지향이 강한 체계들은 빠른 속도로 세계화되는데 반해, 목적 지향이 약한 면역체계인 법은 세계법으로 나아가지 못하고 국내법에 의존한 국제법에 머물면서 침식되고 있다고 진단한다. 그래서 법이 보장하던 규범적 기대의 안정화와 헌법적 기본권 보장은 약화된다.

그밖에도 우리는 20세기 말과 21세기 초 세계사회 도처에서 강대 권력이 진리를 규정하거나 돈이 연애결혼을 가로막는 등 탈분화 Entdifferenzierung의 징후들을 이전보다 자주 보게 된다. 탈분화란 각 기능 영역들의 자율성이 무너지는 것을 말한다. 1987년 이후 군사적 폭력의 중립화, 헌법에 근거한 대의제 민주주의 확립, 정치와 경제의 유착 고리 차단, 학문과 예술의 자율성 강화, 4대 보험제도 확립 등 기능적 분화와 인권보장의 방향으로 나아갔던 한국에서도 최근에는 역행의 조짐들이 보인다. 그리고 이러한 역행에 대한 저항은 쉽게 도덕화되고 극단적인 경우 종교화된다. 기능체계들의 코드를 무력화시키는 선/악의 이분법이 저항운동에서 강화된다. 기능적 분화의 부정적 결과에 대한 반작용 역시 기능적 분화를 침식하는 양상을 띠게 되는 것이다.

루만은 '기능적 분화'를 현대 사회의 구조로 규정하며 전개해온 자신의 사회이론을 완성해가던 1990년대 중반에 모종의 전환을 이야기한다. "기능적 분화를 통해 산출되긴 하지만 결과적으로 기능적 분화와 양립할 수 없으며 기능적 분화를 침식하는 차이인 포함과 배제의 첨예한 차이"가 현대 사회의 메타코드 혹은 슈퍼코드가 될 지도 모른다고 예견한 것이다.[155] 각 영역의 자율성을 보장하던 이 항 코드들, 즉 권력우위/권력열세와 여당/야당(정치), 소유/비소유 와 지불/비지불(경제), 진리/비진리(과학), 사랑한다/아직 사랑하지 않는다와 사랑한다/더 이상 사랑하지 않는다(친밀관계), 우수한 성 적/열등한 성적(교육), 아름다움/추함과 혁신적임/진부함(예술) 등 의 코드들을 포함/배제라는 슈퍼코드가 무력화시킨다는 것이다. 배 제되지 않기 위해 부정의한 전쟁에 대한 파병에 찬성할 수 있고(국 익을 위한 파병 논리), 배제되지 않기 위해 진리를 무시할 수 있고(황 우석 사태), 배제되지 않기 위해 사랑 없는 결혼을 할 수 있거나(결혼 정보 업체의 활성화), 경제적으로 배제되지 않기 위해 사랑과 결혼을 포기할 수 있다.

포함과 배제의 차이가 첨예해질수록 현대 사회의 구조적 명령 인 보편적 인권은 외면당한다. 한 기능체계로부터의 배제(진학 실패) 가 다른 기능체계들에서의 연쇄 배제(취업 실패, 결혼 실패, 소송 못 함, 의료혜택 못 받음 등등)로 이어진다면, 배제되지 않기 위해 각 기 능 영역의 고유한 규칙들을 무시하는 사람들이 늘어날 것이다. 그리 고 총체적으로 배제된 자들의 반사회 행동은 더 이상 커뮤니케이션 에 대한 기대 없이 이루어질 수 있다. 권력에도 화폐에도 원조에도 그 무엇에도 호소할 수 없다면, 그들의 선택지는 폭행, 약탈, 강간, 무기력, 자살 등이 될 수밖에 없다.

루만은 자신의 사회이론의 중요한 발상 지점 하나가 폐기될 수도 있는 이러한 진단을 내리기 시작할 때 그에게 찾아온 혈액암으로 세상을 떠났다. 그의 사회이론을 결산한 저서인 『사회의 사회』를 읽는 독자들에게 사회이론은 계속 다시 쓰일 수 있는 것임을 강조한다. "달리 해보시오. 하지만 최소한 마찬가지로 잘 해야 하오."[156]

사회의 일부가 아닌 개인은 어떻게 살아야 하는가

루만의 사회이론은 여러 가지 방향으로 다시 쓰일 수 있다. 앞서 살펴본 것처럼 개인은 사회의 일부가 아니다. 개인, 즉 유일무이한 개인은 사회의 환경에 있다. 그렇다면 개인은 사회에 대해 어떤 태도를 갖고 살아야 하는 걸까? 이번 장의 후반부에서는 사회의 일부가 아닌 사회의 환경에 있는 유일무이한 개인이 사회에 대해 어떤 태도를 갖고 살 것인가를 정리해보겠다.

사회의 환경에 있는 인간, 하지만 무언가를 주장하고 바꾸기 위해서는 인격이 되어야 하는 인간, 그래서 사회와 함께 살아야 하는 인간인 나는 사회와 나의 관계를 다시 규정해야 한다. 기능적으로 분화된 현대 사회의 유산 위에 서서 나는 더 이상 지속될 수 없는 과거를 그리워해서는 안 된다. 그렇다고 해서 대규모의 배제와 비참이 양산되는 현재를 긍정해서도 안 된다. 나는 대안적 커뮤니케이션의 송수신자로서 오늘날의 사회가 조금 다른 방식으로 재생산되도록 기여해야 한다. 그 '조금 다른 방식'은 전체적일 필요도 근본적일 필요도 없다. 어차피 우리 각자의 커뮤니케이션 시도는 이해되지 못하고 연결되지 못할 가능성이 더 크며, 이해되고 연결된다 하더라도 자신의 의도와는 무관하게 진행될지도 모른다. 우리는 사회를 바꿀 수 있는 주체가 아니라 사회에 관여하면서 가끔 기여하는 자들일 뿐이기 때문이다. 이러한 기여를 통해 사회구조를 바꾸려는 노력이 힘겹다면, 그 노력이 우리 자신을 너무 불행하게 만든다면, 좀 쉬어도 좋고, 좀 이기적으로 즐겁게 살아도 좋다. 우리는 우리 자신을 사회 속의 인간(인격)으로만 규정할 필요는 없기 때문이다. 우리 각자, 즉 각각의 나는 유일무이한 개인이며 사회의 일부가 아니다. 하지만 그러한 개인주의적 삶의 과정에서 내 삶을 불행하게 만드는 사회 제도나 사회적 추세에 마주치게 된다면, 또는 타인의 불행한 삶을 도무지 그냥 방관하기 힘들다면, 사회에 대한 외면은 나의 불행이 된다. 어느 유명 팟캐스트 진행자의 말대로 "내 삶의 스트레스의 근본에 정치가 있다"면, 정치적 커뮤니케이션의 의미론을 변형하기 위해 노력해야 한다. 그래서 사회구조를 변형하기 위한 노력은 내 삶을 즐겁게 또는 아름답게 만들거나 고통스럽지 않도록 하기 위한 투자이자 자아실현의 한 계기이다. 그렇게 노력한 자는 그 노력이 실패하더라도 누구를 원망하지 않을 것이며, 그 노력이 성공하더라도 그에 대해 보상받으려 하지 않을 것이다. 푸코라면 아마도 이러한 태도를 '존재의 미학'이라고 부를 것이다.

마지막으로 다소 딱딱한 개념어들을 사용하고 있지만 너무나 생생하고 노골적으로 배제 영역을 묘사하고 있는 루만의 글을 인용하면서 이번 장을 마무리하고자 한다.

포함 영역에서는 사람들이 인격으로 셈해지는 반면, 배제의 영역에서는 거의 신체만이 문제가 되는 듯하다. 신체적 욕구의 각 측면을 각각의 상징적 매체에 연결시키는 커뮤니케이션 매체들의 공생 메커니즘이 기능하지 않는다. 물리적 폭력, 성, 원초적이고 충동적인 필요충족 방식이 풀려나고, 상징적인 재귀를 통해 순화되지 않은 채 직접적으로 의미를 갖게 된다. 그러면 더 많은 전제를 필요로 하는 사회적 기대는 더 이상 접점을 찾지 못한다. 사람들은 단기적인 시간 지평에 따라, 상황의 직접성에 따라, 신체에 대한 관찰에 따라 태도를 취한다. 이것은 또한 포함 영역에서는 언제나 유효했던 장기적 성격의 상호성 기대들이 떨어져 나가서, 마침내 가족적 결속의 붕괴에까지 이른다는 것을 의미한다. 이것은 멀리서 보면 아주 옛날의 질서들을 생각나게 할지도 모른다. 하지만 오늘날 그것은 사실상 기능적으로 분화된 사회의 부산물이다.[157]

10장

짐승, 사람, 괴물

우리 사람 되는 건 힘들지만 괴물은 되지 말자

한국에서는 별 정당한 이유 없이 다른 사람들을 때리거나 죽이는 자, 그리고 여인을 강간하는 자 등을 흔히 "짐승 같은 놈"이라고 불러왔다. 인면수심人面獸心이라는 한자성어가 중국 후한後漢 시대 역사서에 나온다고 하니 '짐승 같은 놈'이라는 비난의 역사는 꽤 오래된 것으로 보인다. 그리고 이 말보다 더 강한 비난의 표현인 "짐승만도 못한 놈"도 꽤 널리 쓰인다. 짐승이 다른 짐승들을 잡아먹는 일은 생존에 필요한 범위에서만 이루어지는 반면, 인간들 간의 살육이나 폭행은 그런 필연성을 넘어선 경우가 많다. 그래서 이 표현에는 다른 짐승들과 구별되는 인간의 자율성과 사고 능력이 함의되어 있다. 즉 인간은 짐승보다 뛰어난 사고 능력과 자율성을 가진 덕분에 짐승보다 몇 배나 더 강력한 잔인함을 발휘할 수 있다는 것을 뜻한다.

최근에는 특정한 인간을 비난할 때 '짐승'에 못지않게 '괴물'이라는 말도 자주 쓰이고 있다. 괴물은 짐승과 비슷한 어감으로 쓰이지만 조금 다른 뉘앙스다. 괴물은 짐승보다 더 폭력적인 행위를 한 자들에게 붙이기보다는 도무지 납득이 안 되는 엽기적인 행위를 한 자들에게 붙인다. 예를 들어 사이코패스 성향의 범죄자, 조직적이고 체계적인 괴롭힘을 가하는 자 등 극단적으로 반인간적인 행위를 한 자들이 괴물이라고 불린다.

그런데 이 '괴물'이라는 표현을 유행시킨 홍상수 감독의 영화 《생활의 발견》(2002년)에는 정말 잔인하고 엽기적인 행위를 하는 인물은 나오지 않는다. 물론 "우리 사람 되는 건 힘들지만 괴물은 되지 말자"는 말을 듣는 사람이 곧 괴물은 아니기에 그럴 수도 있지만, 이 영화에서 괴물이 될 수도 있다는 경고를 듣는 사람의 행위는 좀스럽거나 비겁하긴 해도 끔찍하지는 않다. 필자는 이 영화에서 쓰인 '괴물'의 의미에 대해 분석하면서 짐승, 사람, 괴물의 차이를 밝혀보고자 한다. (여기서 '괴물monster'은 이 책의 서문에서 밝힌 것처럼 '현대 사회'를 지칭한 이름인 '괴물the Host'과는 다른 괴물이다.) 그리고 "괴물monster은 되지 말자"는 다짐이 괴물the Host과 함께 사는 개인들에게 어떤 의미를 갖는지 짚어보고자 한다.

《생활의 발견》에서 괴물은 되지 말자는 말이 처음 나오는 장면은 주인공 경수가 자신이 출현해서 실패한 영화의 감독에게 찾아가 100만원의 러닝 개런티를 받아낼 때이다. 경수와 잘 아는 사이의 선배로 보이는 감독은 경수 때문에 영화가 망했다는 듯한 말을 한 후,

그런 상황에서도 개런티를 챙겨가는 경수에게 사람은 되지 못하더라도 괴물은 되지 말자고 충고한다. 경수는 이 100만원을 가지고 춘천에 가서 성우라는 선배를 만나는데, 성우는 그 돈의 일부로 경수와 술을 마시면서 술집 아가씨들과 옷 벗기 게임을 하고 2차 잠자리까지 하고 나온다. 밖에서 기다리던 경수는 성우에게 자기가 서울에서 들었던 그 말을 그대로 해준다. 괴물은 되지 말자는 말이 세 번째로 나오는 장면은 경수에게 사랑한다고 말하며 잠자리를 함께 했던 명숙이 다음날 경수에게 전화해 성우랑 같이 모텔에 있다고 말하자 경수는 전화를 끊기 전 명숙에게 "우리 사람 되는 건 어렵지만 괴물은 되지 맙시다"라고 말한다.

이 세 장면에서 괴물이 되지 말자는 말을 하는 인물이나 그 말을 듣는 인물이 도덕적으로 뛰어난 사람들은 아니다. 그렇다고 매우 원초적인 폭력성을 갖고 있는 인물, 즉 짐승은 결코 아니다. 이들은 나름대로 명분을 내세워 돈을 받아내려 하고 섹스를 하기 위해 사랑을 고백한다. 즉 현대 사회의 커뮤니케이션 규칙들을 지키려고 노력한다. 그런데 이들은 때때로 괴물이 되려하고 그럴 때 상대로부터 경고 메시지를 받게 된다. 세 장면에서 괴물이 되진 말자는 충고를 듣는 인물들은 각각 어떤 규칙을, 즉 사람 취급받기 위한 최소한의 규칙을 어길 때 그 말을 듣는다. 돈 문제로 예술 동료를 곤경에 빠뜨리는 것, 돈으로 인간 신체를 노예화하고 성을 사는 것, 사랑과 섹스 사이의 연결 고리를 희화화하고 사랑에서 최소한의 일관성에 대한 기대를 좌절시키는 것 등이 그러한 규칙들이다.

이 규칙들에는 현대 사회가 지금까지 수많은 인간들의 동기 유발에 성공하면서 자기 생산을 지속해온 원리들이 숨어 있다. 베버가 말한 '가치 다신교', 루만이 말한 '상징적으로 일반화된 커뮤니케이션 매체들의 분화'와 그 매체들이 가진 '인간 신체와의 공생 메커니즘', 그리고 익명적 세계로부터 보호받아야 하는 '친밀관계들'이 바로 그 원리들이다. 이 영화에서 괴물은 되지 말자는 다짐이 함축하고 있는 것은 첫째 장면에서는 돈이라는 가치가 미적 가치를 대신해서는 안 되고 우정을 파괴해서도 안 된다는 것, 둘째 장면에서는 생필품에 대한 욕구를 상징하는 매체인 돈이 사랑이라는 매체가 상징하는 섹슈얼리티를 지배해서는 안 된다는 것, 셋째 장면에서는 그런 사랑이 남발되지 않음으로써 그 상징적 가치가 지켜져야 한다는 것과 섹슈얼리티가 우정을 파괴해서는 안 된다는 것이다.

짐승에 가까운 삶

1982년 칸느 영화제 황금종려상을 받았던 이마무라 쇼헤이 감독의 영화 《나라야마 부시코》는 자연의 섭리에 순응해야만 유지될 수 있는 부족 사회의 모습을 그리고 있다. 신분적 위계가 없이 여러 가족들이 모여 사는 이 부족 사회의 법과 관습은 철저하게 인구 조절과 식량 분배에 맞춰져 있다. 그래서 장차 식량을 많이 소비할 남자 아기를 유기하는 것이 정당화되며, 70세가 된 노인을 나라야마(저승으로 가는 계곡)에 홀로 두고 오는 것은 의무이다. 여러 짐승들이 강한 새끼만 키우곤 한다는 점에서, 그리고 우두머리라도 늙으면 쫓겨난다는 점에서, 이러한 관습은 '짐승 같은' 것이다. 그러나 이들은 짐승과 달리 노인을 나라야마로 보내기 전에 정중한 의례를 치르며, 자발적으로 나라야마로 떠나는 이가 품위 있게 죽어갈 수 있도록 엄격한 절차를 거친다. 이런 의미에서 이들은 자연이 허락하는 조건에서 최대한 '사람'이 되고자 노력한다.

이 사회에서는 생계 능력이 떨어지는 남성 성인들에게는 결혼 기회가 제공되지 않는다. 총을 갖고 있고 힘이 센 주인공 남성은 두 번 결혼하지만 일을 잘 못하는 그의 동생에게는 단 한 번의 결혼 기회도 부여되지 않는다. 그래서 결혼하지 못한 남성들의 성욕을 해결하기 위한 관행들도 엿보인다. 병에 걸려 일찍 죽게 된 중년 남자는 자기 아내에게 마을의 모든 남자들과 잠자리를 가지라는 유언을 남긴다. 그리고 그 여인조차 냄새 때문에 잠자리를 함께 할 수 없는 남자는 자기 어머니의 부탁으로 이웃의 노인 여성과 잠자리를 갖는다. 그리고 이런 성적 관행들에 대해 마을 사람들 누구도 도덕적 비난을 하지 않는다. 다만 개를 수간獸姦하는 자에 대해서는 그 현장에서 살해하여도 무방하다. 그리고 수간을 하는 것으로 의심받는 남성은 냄새나는 자로 간주되고 경멸당한다. 즉 '짐승만도 못한 놈'에 대한 처벌이나 비난은 분명하게 이루어진다.

이 부족에도 사형을 내리는 형벌 제도가 있다. 이 부족의 가장 절박한 과제는 인구 조절과 식량 절약이다. 매년 모든 부족원들이 혹독한 겨울 동안 살아남는 것이 지상 과제다. 그래서 자기 가족만의 생존을 위해 몰래 식량을 훔쳐 비축해둘 경우 부족 회의를 통해 그 가족 구성원 모두를 땅에 파묻어버리는 형벌을 집행한다. 그리고 그 가족이 숨겨둔 식량은 나름의 규칙을 통해 다른 가족들에게 재분배된다. 이 집행은 특정한 우두머리에 의해 자의적으로 이루어지는 것이 아니라 논의와 합의를 통해 이루어진다는 점에서 문명적이다.

사람 되기의 어려움과 짐승으로의 회귀

각각의 자연 조건에 따라 조금씩 달랐겠지만 문명화 이전의 부족사회들은 오늘날의 법으로는 허용되지 않는 삶의 규칙들을 갖고 있었을 것이다. 즉 짐승에 가까운 삶을 살았을 것이다. 문명사회로 간주되곤 하는 고중세 국가들에서도 자식 중에 일부는 수도승이 되게 하거나 뱃사람이 되게 하는 방식으로 자원 배분의 문제(가문의 상속)을 해결했다는 점, 가문 계승자가 아닌 유아에 대한 보호 관념은 거의 없었다는 점, 일부다처제가 용인되었다는 점 등등을 떠올리면, 짐승에 가까웠던 삶이 획기적으로 바뀐 것은 유럽에서 '계몽'이라는 이름으로 시작된 근대화와 산업화에 의해서라고 볼 수 있다. 보편적 인권, 노예제 폐지, 관용, 일반 공교육, 낭만적 사랑과 연애결혼 등은 그 역사가 고작 200여 년에 불과하다. 오늘날에는 상식이 된 이런 관념들과 제도들은 루만에 따르면 사회의 '기능적 분화'와 함께 도입되었다.

기능적으로 분화된 현대 사회에서도 인간은 몇 만 년 전과 마찬가지로 짐승으로 태어난다. 생물학적으로 인간은 그동안 거의 진화하지 않았다. 그래서 말하는 법, 도구를 사용하는 법, 인사하는 법을 배우지 않으면 짐승처럼 살아가게 된다. 전근대 사회에서는 이런 기본적인 것들만 배워도 농사를 짓고 물고기를 잡으며 살아갈 수 있었다. 하지만 기능적으로 분화된 사회에서는 더 많은 걸 배우거나 깨우쳐야 한다. 글을 읽고 쓸 수 있어야 하며, 화폐로 물건을 사고 팔 수 있어야 한다. 실정법을 대략이라도 파악해 불법을 저지르지 않도록 처신할 수 있어야 하고, 억울한 피해를 입었을 때 직접 복수하는 것이 아니라 경찰에 신고할 수 있어야 하며, 성적 욕구를 연애라는 문명적 절차를 거쳐 실현할 수 있어야 한다. 수십 년 전만 해도 한국에서는 아이들이 남의 밭을 서리해 주린 배를 채운다고 해도 처벌받지 않는 경우가 많았고, 사인들 간의 복수나 결투가 어느 정도 용인되곤 하였다. 그리고 처음 성적 접촉을 한 남성의 청혼을 받아들이는 여성이 제법 많았다. 하지만 화폐, 권력, 법, 진리, 사랑 등의 분화된 성공 매체(상징적으로 일반화된 커뮤니케이션 매체)들이 굳건하게 자리 잡으면서 이런 일들은 점차 짐승 같은 것으로 취급당하게 된다.

오늘날 '사람(인격, person)'이 된다는 것, 즉 인간이 커뮤니케이션의 주소지가 된다는 것은 복잡하게 분화된 매체 영역들에 대한 학습과 숙련을 필요로 한다. 글, 책, TV, 컴퓨터, 스마트폰 등 여러 종류의 확산 매체들 각각의 고유한 사용법을 모르면 커뮤니케이션 체계인 사회에 접근조차 하기 어렵다. 인터넷에 연결된 컴퓨터를 쓸 수 없으면 대학 원서를 쓸 수 없고 휴대전화의 SNS를 사용하지 않으면 이성 파트너와 만날 약속을 잡을 수 없다. 그리고 누군가가 권력의 합법적 명령과 불법적 개입을 구별하지 못한다면, 화폐 지출

여부를 고민할 때 합법적 계약과 불법적 계약을 구별하지 못한다면, 도덕적으로 나쁜 자와 불법·행위자를 구별하지 못한다면, 주관적으로 참인 것과 학술 제도를 통해 승인된 진리를 구별하지 못한다면, 충동적인 성적 접촉과 결혼의 약속을 구별하지 못한다면, 즉 상징적으로 일반화된 커뮤니케이션 매체들 각각의 특징과 그것들 간의 차이를 파악하지 못한다면, 그는 '사람'으로 살아가기 어렵다.

여기서 '사람'이 된다는 것은 결코 도덕적으로 완벽해진다는 뜻이 아니다. 오히려 도덕적 완성만을 추구하는 자는 분화된 매체 영역들에서 좌절하게 된다. 예를 들어, "나쁜 놈들에겐 물건을 팔지 않겠다"는 태도를 가진 상인은 금방 망할 것이고, "덕성이 뛰어난 분의 말씀만 듣겠다"는 태도를 가진 학자는 진리의 세계에서 금방 도태될 것이다. 현대 사회에서는 성인군자나 천사는 사람답게 살 수 없다. 그리고 이 분화된 질서에 따라 살아가는 것은 매우 힘겨운 일이기 때문에 누구도 사람이 되기는 쉽지 않다. 엄격한 판결을 내리는 법관이 연애 한번 제대로 못해서 돈으로 사랑을 사려고 할 수도 있으며, 탁월한 이론을 생산한 학자가 법을 잘 몰라서 그 이론에 대한 저작권을 빼앗길 수도 있다. 그리고 때로는 그러한 좌절로 인해 짐승 같은 행동 혹은 짐승만도 못한 행동을 할지도 모른다.

여기서 중간 결론을 내리자면, 인간은 짐승으로 태어나 사람이 되고자 하지만 결코 사람으로 완성되지 못한다. 그래서 사람 되는 건 쉽지 않은 일이다. 그럼에도 짐승으로 돌아가지 않고 사람이 되려고 애쓰는 이유는 뭘까? 현대 사회에서는 인간의 짐승 같은 욕구조차도 사람으로 살고자 할 때 더 효과적으로 충족될 수 있기 때문이다. 영화 《나라야마 부시코》의 부족민들보다 우리는 화폐를 통해 더 손쉽게 먹고 마실 것을 구할 수 있으며, 평범한 인간들도 더디긴 하지만 연애를 통해 안정된 섹스 파트너를 구할 수 있고 바꿀 수 있다.

　　그런데 신체적 욕구를 실현하기 위해 이러한 문명적 방식을 거의 이용할 수 없는 인간들의 경우 사람이 되려는 노력을 포기할지도 모른다. 시민권이 없어서 법적 보호를 받을 수 없고 취직할 수 없는 인간들, 그래서 연애와 결혼도 포기해야 하는 인간들은 공권력의 처벌을 피할 수 있다면 짐승처럼 행동할지도 모른다. 그런데 짐승에 가까운 인간들도 어느 정도 문명의 혜택을 받고 있다. 즉 원시인들과 달리 자연에 대한 공포를 이미 극복하였다. 그래서 현대적 짐승들은 과거의 짐승들이 두려워서 차마 하지 못할 행동, 즉 짐승만도 못한 끔직한 행동을 할 수 있다. 예를 들어, 연쇄살인범들은 문명적인 수단들을 이용해 짐승만도 못한 행동을 한다. 이들은 '짐승'과 차별화되기 때문에 '괴물'이라고도 불리지만, 필자가 짐승과 괴물을 구분하는 기준은 폭력의 강도나 야만성의 정도가 아니다. 괴물이라는 호칭은 인간의 짐승화 혹은 사회로부터 인간의 배제exclusion*라는 경향과는 차별화되는 다른 어떤 것에 붙여야 한다. 그 편이 '괴물'이라는 신조어의 의미를 부각시킬 수 있기 때문이다.

---

*20세기 말부터 사회학, 사회복지학 등에서 널리 논의되고 있으며 1990년대에 루만도 주목했던 문제인 배제는 커뮤니케이션 체계인 사회에 접근하지 못하는 인간의 문제, 즉 인간 (human being)이되 인격(person)이 되지 못하는 인간의 문제이다.

괴물, 자신의 사회적 역할 수행을 반성하지 않는 인간

필자는 괴물monster을 큰 괴물the Host, 즉 '사회'와 함께 살면서 각각의 '고유한 사람 되기'라는 힘겨운 과제를 포기하고 사회의 여러 조직들로부터 부여받은 역할과 자기 자신을 동일시하는 인간, 그래서 자신의 역할 수행에 대해 반성하지reflect 않는 인간으로 규정하고자 한다. 다른 누구와도 동일시될 수 없고 사회나 사회의 부분 영역과도 동일시될 수 없는 고유한 개인이면서도 사회와 함께 사는 것, 즉 '괴물과 함께 살기'는 참으로 힘겨운 일이다. 사회화된 개인으로 살아가는 길, 사람 되기의 길은 종점이 없는 길이다. 이 길에서 인간은 끊임없이 다른 가면들을 바꿔 써야 하고 자신의 여러 가면들을 서로 비교하면서 교정하고, 때로는 어떤 가면을 벗어던지기도 해야 한다. 회사원, 단골손님, 당원, 준법 시민, 인터넷 논객, 부모, 배우자 등등 그 어떤 것도 본질적이라고 할 수 없는 여러 가면들의 삶을 되비추어보며reflect 살아야 한다. 이런 가면들 아래에 맨 얼굴 혹은 본모습이 있으면 좋으련만, 내가 누구인지 아무리 물어봐도 정답은 없다. 벌거벗은 신체와 일관성 없는 의식작용 이외에 사람다운 본모습은 따로 없다. 체계이론적 용법으로 말하자면 생명 체계와 심리적 체계로서의 나는 고유하지만 그 고유성은 사회적 존재인 사람으로서의 나를 해명해주지 못한다. 사회적 체계들에서의 인격인 나는 여러 역할들을 돌아가며 떠맡는 것일 뿐 그 자체로는 무엇으로도 규정할 수 없다.

그런데 이렇게 복잡하고 어려운 반성적 삶에서 벗어나되 짐승으로 돌아가지 않는 방법이 있다. 그것은 자신에게 주어진 한두 개의 가면을 자기와 동일시하는 것이다. 이러한 괴물화는 자신에게 역할을 부여한 조직에 대한 무조건적 충성의 양상을 띨 수도 있고, 그 조직에 전혀 충성하지 않고 마지못해 일하지만 그 역할 수행으로 다른 맥락에서의 사람되기 노력을 내팽개치는 양상을 띨 수도 있다. 또한 자신에게 몇 가지 역할 유지를 가능하게 해주는 특정 성공 매체에 대한 맹목적 집착과 다른 매체들에 대한 외면 혹은 파괴의 양상을 띨 수도 있다.

　필자는 앞에서 인간이 짐승에서 완전히 벗어날 수 없고, 또 그리고 사람 되기도 어렵다는 점을 지적하였다. 그와 마찬가지로 현대사회(큰 괴물)와 함께 사는 인간은 사람 되기가 어려워 때때로 괴물처럼 산다는 점을 강조하고 싶다. 많은 사람들이 자기 자신에게 삶의 의미를 일깨워준 종교 조직이나 정치 조직에 대한 과도한 충성으로 그 조직이 저지르는 불법에 대해 눈을 감곤 한다. 때로는 그런 조직 내부에서 자신에게 중요한 역할을 부여한 사람에게 충성하기 위해 그의 비리를 감싸주기도 한다. 조직이나 상관에 충성하는 마음을 갖고 있지 않은 경우에도 평생직장을 보장받기 위해 상부에서 내리는 불법적 명령을 모르는 척 그저 시키는 대로 이행하기도 한다. 또한 돈을 더 모으기 위해 세금 신고를 적게 하기도 하고 권력을 얻기 위해 사소한 불법 선거운동을 하기도 한다. 이런 괴물화된 행태를 전혀 하지 않는 인간은 별로 많지 않을 것이다. 문제는 자신의 여러 가면을 비교해 살펴보면서 이렇게 괴물이 되어가는 자신을 반성할 수 있는가 하는 점이다. 짐승, 사람, 괴물, 이 세 가지를 뚜렷이 구별하는 객관적 기준은 없기 때문에 인간은 오직 자신이 지금 과연 사람으로 살고 있는지, 오늘은 짐승처럼 행동한 건 아닌지, 요즘 괴물이 되어가고 있는 건 아닌지 끊임없이 반성하는 길밖에 없다. 물론 이렇게 반성하는 것 자체가 곧 사람됨을 보장하지는 않는다. 아무리 자신을 돌아보며 자신이 알지 못하는 다른 모습들(자신이 아닌 것들)을 염두에 둔다 하더라도, 보지 못하는 사각지대는 남기 때문이다. 루만식으로 말하자면, 우리가 아무리 노력한들 '자기 자신과 자신이 아닌 것의 통일'인 '합리성'에는 이를 수 없는 것이다.＊

악의 평범성

반성하지 않는 삶으로 인해 평범한 인간이 괴물이 되어 악마적 행위를 한 대표적인 사례가 유대인 학살 전범 칼 아이히만의 사례이다. 젊은 날 직장생활에서 별 유능함을 발휘해본 적이 없었던 아이히만은 나치 친위대에 들어가 자신의 업무를 잘 해내어 중령으로 승진한다. 그는 특히 유대인 지도자들과 협상할 때 뛰어난 능력을 발휘하여 유대인 이주 업무를 담당하게 된다. 아렌트의 조사에 따르면, 아이히만은 유대인 혐오자가 아니었으며 심지어 히틀러의 "최종 해결

＊루만은 '반성(Reflexion)'을 체계의 자기관찰로, '합리성(Rationalität)'을 반성의 특수한 경우로서 체계와 환경의 차이의 통일에 이르는 것으로 규정한다. 즉 체계가 어떤 사각지대도 없이 완전하게 반성하는 것이 합리성이다. 그런데 구별되는 두 면의 통일은 불가능하므로 합리성은 달성될 수 없는 유토피아이다. 루만의 체계합리성 개념에 관해서는 정성훈, 「사회의 분화된 합리성과 개인의 유일무이한 비합리성」, 『도시 인간 인권』, 61~63쪽을 보라.

책"*이 적절하다고 생각하지도 않았다. 게다가 그는 직접 사람을 죽일 배짱도 없었고 심지어 시체를 보는 것조차 두려워한 소심한 사람이었다. 즉 짐승 같은 놈도 아니었고 타고난 악마도 아니었다. 하지만 그는 자수성가한 지도자인 히틀러를 존경했고 국가와 행정조직이 자신에게 부여한 '합법적' 업무를 근면하게 이행하였다. 가스실을 비롯한 학살 장소들로 유대인들을 매우 신속하게 인도한 것이다. 아렌트가 "그의 죄는 복종에서 나왔고, 복종은 덕목으로 찬양된다"고 말했듯이 아이히만은 능동적 살인자가 아니었다.[158] 심지어 그는 체포되어 이스라엘로 압송된 후 자신이 공개 처형되어야 마땅하다고 인정할 정도로 순종적이었다. 그리고 아르헨티나에서 도피 생활을 하는 와중에도 독일에 있던 아내와 자식들을 데려온 것을 보면, 집에서는 꽤 괜찮은 가장이었던 것으로 보인다.

아렌트는 아이히만 재판을 관찰한 후 "악의 평범성banality of evil"이라는 결론을 내렸다.[159] 아렌트는 아이히만과 같이 평범한 인간이 그 시대의 엄청난 범죄자들 가운데 한 사람이 된 것은 어리석음과는 다른 "순전한 무사유sheer thoughtlessness" 때문이라고 평가한다.[160] 영화 《한나 아렌트》에도 자주 등장하는 표현인 "사유하지 않음"은 진정한 사유와 평범한 생각을 구별하는 철학자의 어법일 뿐이다. 필자는 진정한 사유의 기준을 제시할 수 없기 때문에 아이히만이 사유하지 않았다고 보지는 않는다. 그가 자기에게 주어진 역할을 유능하

---

*베를린 근교 반제(Wannsee)에서 나치 고위급 간부들이 모여 "유대인 문제의 최종 해결책"을 논의했고, 유럽에 거주하는 유대인 전체를 몰살하겠다는 결론을 내린 것을 말한다. 이를 실행하기 위해 유럽 각지에 강제수용소와 가스실이 세워졌다.

게 처리해냈다는 점을 고려할 때 그는 분명 열심히 생각했을 것이다. 문제는 그 생각이 자신이 쓴 하나의 가면, 자기에게 삶의 의미와 합법성을 부여한 하나의 가면에만 매몰되어 있었다는 것이다. 즉 그는 삶의 다른 맥락들을 고려하면서 반성하는 인간이 아니었을 뿐 생각하지 않는 인간은 아니었다. "최종 해결책"이 결정된 반제 회의의 참석자들 중 상당수가 살인마로 보기는 힘든 평범한 공무원 출신이었음에도 그들 중 누구도 회의석상에서 이견을 제시하지 않았다. 아이히만이 그 회의에서 자기 행위의 합법성을 확신하게 되었다는 것은 학살 결정자들이 자신들에게 중요한 공적 역할을 부여한 맥락 이외의 다른 삶의 맥락에 서서 자신의 가면을 되돌아보지 않았다는 것을 뜻한다. 그리고 그들은 모두 히틀러와 당시의 독일 국가를 사회, 즉 큰 괴물the Host과 동일시하고 거기에 복종했다. 그들은 나치 사회의 괴물monster로 사는 것이 곧 사회 속의 개인이 되는 것이라고 생각했을 것이다. 그래서 푸코식으로 말하자면 그들은 자기 자신에 대한 역사적이고 비판적인 존재론을 가질 수 없었다.

평범한 괴물들의 앙상블로 일어난 참사

능동적이건 수동적이건 공식 조직이 자신에게 부여한 역할에 매몰된 인간, 즉 자신이 큰 괴물the Host이라고 간주하는 집단에 무반성적으로 결합된 인간은 오늘날 한국 사회에서도 흔히 볼 수 있다. 괴물들monsters은 타인을 직접 때리거나 죽이는 짐승 짓을 하지는 않는다. 그들은 겉보기엔 멀쩡하고 사람답게 사는 것처럼 보인다. 민간인을 불법 사찰하는 일이나 야당 정치인을 비방하는 댓글을 다는 일을 국가안보를 위한 업무라고 생각하면서 충성스럽게 (또는 마지못해) 수행한 공무원들, 재벌 가문의 편법 상속을 위해 자기 계좌를 빌려주거나 산업재해를 은폐하는 일을 나라 경제를 살리기 위한 업무라고 믿으며 열성적으로 (또는 단순히 해고당하지 않기 위해) 일한 회사원들도 집에서는 훌륭한 가장일 수 있고 동네에서 꽤 괜찮은 이웃일지도 모른다.

세월호 참사로 인해 재판을 받고 있거나 앞으로 재판을 받게 될 수많은 인간들—침몰 사고를 일으킨 선박회사 직원들, 관제 업무를 방기한 진도 VTS 공무원들, 현장 취재 없이 정부 발표만 앵무새처럼 반복한 언론인들, 구조 업무를 방기한 해경 간부들, 특정 구난업체에게 구조 작업을 몰아준 공무원들과 그들과 결탁된 것으로 보이는 구난업체 임원들—도 지금까지는 멀쩡한 사람처럼 살아왔을 것이다. 그러나 그들 각각이 조금씩 갖고 있는 괴물화 경향은 결국 하나의 앙상블을 이루어 300여 명의 생명을 수장시키는 데 기여하고 말았다. 이들은 자기 업무와 관련해 대체로 한편으로는 무능했고 다른 한편으로는 유능했다. 사고 현장 취재에 무능했던 언론인들은 대통령의 분향소 방문 장면은 기가 막히게 편집해내었고, 회사의 이윤 증대를 위해 최대한 많은 화물을 배에 싣는 일을 잘 해내던 선박회사 직원들은 배가 침몰할 때는 아무 조치도 취하지 못했다.

그래서 이 참사에 연루된 자들의 무반성성은 특히 '정의justice'에 대한 고민의 결여와 연결되어 있다. 고전적인 의미에서 정의는

"제 일을 하는 것"*이다. 플라톤의 시대에는 각자가 자신에게 맞는 일이 무엇인지를 아는 것과 그 일을 잘 해내는 것은 사실상 같은 것이었다. 지혜로운 자는 통치자가 되어 잘 다스리면 되었고, 용감한 자는 수호자가 되어 나라를 잘 지키면 되었고, 근면한 자는 생산자가 되어 열심히 일하면 되었다. 그런데 복잡한 현대 사회에서는 한 사람이 상충될 수도 있는 여러 가지 역할을 맡을 뿐 아니라 한 역할 내의 세부 업무들 간에도 서로 충돌이 일어날 수 있다. 그래서 정의롭게 제 일을 하기 위해서는 자신이 지금 하는 일이 자신의 다른 일들, 그리고 다른 사람들이 하는 일들과 어떻게 연결되어 있는지를 파악해야 한다. 그래야만 열심히 잘 해내야 할 '제 일', 적당히 해내기만 하면 되는 '그저 그런 일', 자기가 적임자가 아니기에 '맡아선 안 될 일', 그리고 부당하기에 '해서는 안 될 일'을 어느 정도 구별할 수 있다.

지금까지 밝혀진 사실로 미루어 보면 세월호 참사에 연루된 자들은 대체로 '제 일'은 하지 않거나 잘하지 못한 채 주로 '그저 그런 일'을 해왔고 간혹 '맡아선 안 될 일'과 '해서는 안 될 일'을 한 것으로 보인다. 예를 들어, 구조는 잘 못하지만 출동해서 배 밖으로 나온 사람은 건져낼 수 있을 정도로 일을 한 해경은 있었다. 더 나아가 구조 자체보다 특정 구난업체에 일감을 몰아주는 일을 열심히 했던 해경도 있었다. 그리고 이런 일들 중 어떤 것이 결정적인 원인이라고

---

*그밖에도 플라톤은 "'제 것의 소유'와 '제 일을 함'", "자신에게 맞는 자신의 일을 함" 등을 '올바름'을 정의하는 표현으로 사용하고 있다. 플라톤, 『국가』, 286쪽.

쉽게 단정하기는 어렵지만 그것들이 앙상블을 이루어 최악의 결과가 나온 것이다.

　유대인 학살에서도 아이히만과 같은 평범한 인물들만이 아니라 악마적 주범이 따로 있었던 것처럼, 앞으로의 조사 결과에 따라 세월호 참사에서도 괴물을 넘어선 악마가 있었음이 드러날지도 모른다. 하지만 현대 사회에서 여러 사람의 목숨을 앗아가는 끔찍한 사고나 사건들이 꼭 그런 악마가 있을 때만 일어나는 것은 아니다. 오히려 평범한 인간들의 무반성적 삶이 앙상블을 이루어 일어나는 비극이 점점 더 많아지고 있는 것으로 보인다. 그래서 필자는 이 마지막 장을 쓰면서 혹시 있을 수도 있는 천사와 악마(본래 선한 사람과 본래 악한 사람)에 대해서 고려하기 보다는, 세속적이고 평범한 인간이 가질 수 있는 세 가지 경향, 즉 짐승, 사람, 괴물의 차이에 관해서만 논한 것이다.

사회와 함께 살며 사람 되기

필자가 이 책에 "괴물과 함께 살기Living with the Host"라는 제목을 붙이면서 강조하고 싶었던 것은 개인은 사회 속에in 사는 것이 아니라 사회와 함께with 산다는 것이다. 나는 사회와 동일화될 수 없을 뿐 아니라 사회 속의 일부도 아니다. 그리고 나와 함께 사는, 그래서 나에게 여러 가지 삶의 보람과 쓰라림을 동시에 안겨다주는 저 사회는 다맥락적이다. 나는 사회와 함께 살기 위해 학자로도, 선생으로도, 소비자로도, 소송인으로도, 당원으로도 살지만, 그 역할들 중 어느 것도 진정한 나는 아니다. "나는 나다"라는 공허한 동어반복을 인정할 때만, 그리고 끊임없이 자신을 되비추어볼 수 있을 때만, 나는 '사회와 함께 살며 사람되기'라는 힘겨운 과정을 계속해갈 수 있다.

사회철학이란 무엇인가?

이 책은 내가 철학과 대학원에 입학해 '사회철학social philosophy'을 전
공으로 선택했을 때부터 품은 의문—사회철학이란 무엇인가?—에
대한 나의 첫 번째 답변이다. 또한 철학 박사학위를 받은 후 '사회철
학의 이해'라는 교양과목을 맡아 학생들에게 도대체 무엇을 가르칠
지 고민하다가 시도한 첫 번째 작업의 결산이기도 하다.

　내가 대학원에 들어갈 무렵 한국의 철학과에서 마르크스, 아도
르노, 하버마스, 푸코 등의 학자들을 연구하는 사람들은 대체로 자
신이 사회철학을 전공한다고 말했다. 나 역시 그러했다. 그런데 공
부를 계속 하다 보니 영미권에서는 비슷한 학자들을 연구하는 사람
들이 사회철학이라는 말보다 '정치철학political philosophy'이라는 말을
더 많이 쓰는 것을 알게 되었다. 더구나 내가 관심을 가졌던 학자들
은 대부분 유럽 학자들, 특히 독일 학자들이고 영미권에서는 사회적

인 것에 대한 관심보다는 정치적인 것 또는 윤리적인 것에 대한 관심이 더 크다는 것도 알게 되었다. 그래서인지 미국 중심의 국제 기준을 따르는 한국연구재단의 학문 분류에서도 사회철학은 독자적인 세부전공이 아니라 '정치/사회 철학'에 포함되어 있다.

2000년대에 들어와 한국의 출판 시장에서 높은 판매고를 올린 학자들, 예를 들어 네그리, 지젝, 아감벤, 바디유 등은 대개 정치철학으로 묶여 소개되었다. 이들을 중심으로 한 현대 정치철학의 흐름을 소개하는 대중강좌도 여러 차례 이루어졌고 입문서도 몇 권 나왔다. 그에 반해 '사회철학 입문'이나 '사회철학의 흐름' 같은 대중강좌는 거의 없었고 그런 제목으로 묶여 나오는 책도 찾아보기 어려웠다. 게다가 내가 박사학위 논문의 연구 대상으로 삼은 니클라스 루만도 독일 빌레펠트대학교의 '사회학'과 교수였다. 그래서 사회철학은 마치 프랑크푸르트학파 외에는 없는 듯 보였고, 이 학파의 인기가 시들해짐에 따라 사회철학은 더 이상 명맥이 유지되기 어려운 분야라는 느낌이 들었다.

그런데 나는 나의 철학적 관심이 정치적인 것이나 윤리적인 것에 국한되지 않는다고 생각하였다. 적어도 나에게 익숙한 언어 사용법에서 '사회적social'이라는 말은 '정치적political'이나 '윤리적ethical'보다 그 의미의 폭이 넓다고 생각하였다. 더구나 현대 사회에 관한 나의 연구가 반드시 정치적 함의나 윤리적 함의를 가져야 한다고 생각하지도 않았다.

공부를 더해나가는 과정에서 나는 사회가 정치와 구별되기 시작한 시점, 또는 사회가 정치보다 더 포괄적인 것으로 간주되기 시작한 시점이 그리 오래지 않다는 것을 깨닫게 되었다. 본문에서 소개했듯이 시민사회가 정치사회와 다른 의미를 갖게 된 것은 18세기 말이었고, 사회학이 독자적인 학문으로 자리 잡은 것은 19세기 후반이었다. 따라서 플라톤과 아리스토텔레스에서 시작한다고 볼 수 있는 정치철학과 정치학이 사회철학과 사회학보다 2천 년 이상 더 긴 역사를 갖고 있는 셈이다.

그렇다면 사회를 정치와 구별해 사용하는 것, 혹은 나의 입장처럼 사회를 정치, 경제, 교육, 예술 등의 수많은 하위체계들을 포괄하는 것으로 간주하는 것은 매우 현대적인 사고방식이다. 그런데 나는 2천여 년의 전통보다 더 중요한 것은 바로 2백 년밖에 되지 않은 현재라고 판단했다. 그렇게 판단한 이유는 때로는 나를 자유롭게 하고 때로는 나를 억압하는 것이 더 이상 정치만은 아니었기 때문이다. 현대 사회는 결코 정치로 환원될 수 없다고 생각했기 때문이다. 그리고 더 이상 정치가 사회의 정점에 있지 않고 사회적 삶의 많은 측면이 탈도덕화된 시대에 나의 학문적 도전을 정치와 윤리의 틀 안에 가두고 싶지 않았기 때문이다.

다음으로 나에게 문제가 된 것은 사회철학과 사회학의 구별이었다. 박사과정에 들어갈 무렵 나의 학문적 관심은 사회철학자로 분류되는 학자들보다는 사회학자로 분류되는 학자들로 옮겨가게 되었다. 특히 현대 사회의 복잡성을 따라잡는 데 있어서는 마르크스의 토대/상부구조론이나 하버마스의 체계/생활세계론보다 루만의 기능적 분화론이 탁월한 이론적 성취라고 판단하게 되었다. 사회철학을 전공한 몇몇 선배들은 내게 루만이 이론적 설득력은 높을지 몰라도 현대 사회 비판을 위한 규범적 척도를 제시하지 않으며 그로 인해 보수주의적 함의를 가질 수 있다고 경고했다. 하지만 구좌파의 단순한 도식들을 반복할 수 없고 신좌파의 개념적 모호함과 협소한 설명력에 매력을 느끼지 못하던 나는 일단 '규범'보다는 '사실'에 충실하게 접근하는 이론을 공부하기로 마음먹었다.

루만에서 출발해 여러 사회학 고전 이론가들의 저작들을 접하면서 내가 깨닫게 된 것은 사회철학과 사회학을 규범의 학문과 사실의 학문으로 구별하는 것이 그리 적절치 않다는 것이었다. 오히려 뒤르켐이나 파슨스의 경우 강한 규범적 지향이 그들의 이론을 확장하는 데 장애가 되었던 것으로 보인다. 그리고 21세기 초 한국의 사회학자들은 사회학이 다시 도덕과 규범에 관심을 기울여야 한다는 목소리를 높이고 있었다. 사회학을 반反사실적 기대 구조인 규범에 따른 학문이 아니라 인지적 기대 구조에 따른 사실의 학문으로 간주하는 루만의 경우에도 이런 입장은 사회학이 속하는 기능체계인 과학체계의 요구일 뿐이다. 즉 사회학자로서는 규범적 태도를 취하지 않지만 다른 역할을 한다면 그렇지 않을 수 있다는 것이다. 루만은 다른 체계에 준거한 관찰자는 당연하게도 다른 관점으로 관찰한다는 것을 인정한다. 예를 들어, 법사회학자는 규범을 사실로 간주하지만 법 체계 내부의 관찰자들(법률가, 법학자 등)은 규범을 사실로 간주할 수 없다.

사회철학이라는 개념이 언제 누구에 의해 사용되기 시작했는지를 따져보아도 이 두 학문의 구별이 어렵다는 걸 알 수 있다. 독일의 사회철학자 데틀레프 호르스터에 따르면, '사회철학Sozialphilosophie'이라는 단어를 처음 쓴 것은 1843년 모제스 헤스이다. '진정한 사회주의'를 제창하여 마르크스로부터 비판받기도 했던 그는 이 단어를 프랑스 사회주의자들의 철학을 지칭하기 위해 썼다. 즉 특정한 학문 영역을 염두에 두고 쓴 것은 아니었다. 사회철학의 성격이 규정되고 그 개념이 널리 통용되기 시작한 것은 1894년 게오르크 짐멜과 루돌프 슈탐러에 의해서이다. 그들은 사회철학이 사회적 사실과 결합되어야 하며 그 사실은 규범적 목표에 따라 변화된다고 말했다. 사회철학은 규범적 성격과 기술記述적 성격을 동시에 갖는다는 것이다.[161] 잘 알려져 있다시피 짐멜은 뒤르켐, 베버와 함께 사회학의 창시자로 여겨진다.

20세기 초반의 페르디난트 퇴니스, 20세기 중반의 테오도르 아도르노도 서로 방향은 정반대이지만 사회철학과 사회학을 동일시했다. 두 사람 모두 독일 사상가들로, 퇴니스는 사회학을 철학적 분과 학문으로 간주하면서 사회철학을 순수하게 기술적인 학문으로 규정했고, 아도르노는 사회학과 사회철학을 모두 규범적 준거점을 갖는 비판적 사회이론으로 규정했다.[162] 독일에서 사회철학이 해방에 대한 관심에서 비롯하는 규범적 학문으로, 그에 반해 사회학이 상대적으로 사실 중심의 기술적 학문으로 간주된 것은 프랑크푸르트학파 2세대의 발전 과정에서인 것으로 보인다. 비판이론이 실증주의 논쟁을 거쳐 체계이론적 사회학과 대립구도를 형성한 시점에 이르면 사회철학과 사회학의 구별은 뚜렷해진다.

나는 규범적 학문과 기술적 학문을 구별하는 것 혹은 비판이론과 체계이론을 대립시키는 것이 부적절하다는 견해를 갖고 있지만 여기서 상론할 수는 없다. 다만 학문은 기본적으로 규범을 사실로써 기술할 수밖에 없다는 점, 그리고 사회철학이든 사회학이든 어떤 이론이 이론인 한 그것은 사실에 부합하는 진리를 지향하게 된다는 점을 지적해두고자 한다. 또한 그러한 사실은 이른바 객관적 실재가 아니라 특정 체계에 의해 구성된 실재라는 점, 그 구성 과정에서 사실은 규범을 암묵적으로 함축하게 된다는 점, 그런데 하나의 이론은 그 이론가의 암묵적 혹은 명시적 의도와는 무관한 규범적-실천적 함의를 가질 수 있다는 점을 지적하고 싶다. 즉 하나의 이론은 학문 외부의 커뮤니케이션에서 언제든 법적, 정치적, 도덕적 커뮤니케이션 맥락과 연결될 수 있고, 이때 어떻게 연결될지는 학적 커뮤니케이션의 발신자가 결정할 수 없다. 예를 들어, 비판이론이 보수 정치의 정당화에 이용될 수도 있고 체계이론이 급진적 저항운동의 이데올로기가 될 수도 있다.

나는 그러한 규범적-실천적 연결을 상대적으로 미리 고려하는 이론과 그에 대해 상대적으로 무관심한 이론을 굳이 구별하자면 구별할 수 있다고 보지만 그 차이를 뚜렷이 다른 분과학문으로 고착시킬 필요는 없다고 본다. 아렌트, 하버마스, 루만, 푸코 등의 이론을 굳이 정치철학, 사회철학, 사회학 등으로 나누어 공부하는 것보다 동일한 주제에 관한 각 이론의 입장들을 서로 비교하면서 공부하는 것이 사회에 관한 우리의 통찰력을 높여준다는 것은 이 책의 독자들이라면 아마도 공감할 수 있을 것이다.

사회철학과 사회학을 굳이 구별하려고 애쓸 필요가 없다는 생각에 이르렀음에도 내가 스스로를 사회학자라고 부르기 보다는 사회철학자로 부르는 것, 그리고 사회학 이론들을 포괄하는 이 책의 부제에 '사회철학'이라는 말을 넣은 것은 오늘날 한국 사회학의 상황 때문이다. 적어도 한국에서는 사회학 안에 '이론사회학' 혹은 '사회학 이론'이 별도로 있고, 내가 주로 공부해온 사회학자들은 대부분 여기에 속하는 학자들로 분류된다. 이런 표현법에 따르면 이론이 아닌 사회학도 있으며 심지어 대부분의 사회학은 이론이 아니다. 참으로 괴이하다. 더 자세히 살펴보면 이론사회학이 아닌 사회학의 하위 분야는 도시, 농촌, 노동, 정보, 환경, 계급, 성 등 주제별로 이루어진다. 따라서 개별 주제에 국한되지 않고 사회를 포괄적으로 다루는 이론이나 사회학 고전을 다루는 이론은 이론사회학으로 분류되는 것이다.

사회와 개인의 관계, 사회의 현대성에서 계몽과 낭만의 관계, 커뮤니케이션의 미래 등과 같은 포괄적인 주제를 다루는 나의 연구는 사회학의 개별 주제로 포섭되기 어렵고 사회학에 국한되지 않는 여러 고전에 대한 연구를 포괄한다. 나는 그러한 나의 연구에 대해 이론사회학 혹은 사회학 이론이라는 괴이한 이름을 붙이고 싶지 않다. 그래서 나는 현재의 조건에서 내가 하는 학문을 사회철학이라 부르고 싶으며, 그 성격을 잠정적으로 '사회과학의 반성이론'으로 규정하고자 한다.

이 책은 이렇게 우여곡절 끝에 내가 추구하는 학문의 이름으로 정한 사회철학의 흐름을 그것이 다루어온 '문제'를 중심으로 살펴보고자 한 기획의 첫 번째 결산이다. 그 첫 번째 문제가 바로 '사회와 개인의 관계'이며 호르스터도 이 문제가 사회철학의 핵심이라고 말한다. 몇 만 년 전까지는 다른 동물과 크게 다르지 않은 군집생활을 했을 인간이 어쩌다가 이렇게 자신이 제어하기 힘든 복잡한 괴물과 함께 살게 되었는지, 그리고 어떤 태도로 이 괴물을 다루어야 할지 가 이 책이 다룬 문제이다.

전지구적 연결망을 갖추고 전문 영역들로 분화된 현대 사회 덕택에 나는 아리스토텔레스로부터 루만에 이르는 수많은 사회철학자들의 책과 전자논문을 읽는 즐거움을 누려왔다. 하지만 그런 즐거움을 위해 생물학적으로 볼 때 매우 기이한 행동들, 예를 들어 밤에 자야 하는 동물이 야행성 행동을 한다거나 왕성한 번식기에 피임을 한다거나 하는 비개연적인 삶을 살았다. 이 책의 주요한 독자들일 한국의 청춘들 중에는 밤낮을 바꾸어 산다거나 아예 번식을 포기하고 사는 경우도 많을 것이다. 이 책이 우리가 괴물과 함께 살며 누리는 즐거움과 그로 인해 겪는 괴로움, 그리고 괴물 덕분에 획득한 능력과 그로 인해 포기한 능력에 대한 성찰로 이어질 수 있기를 바란다.

1장 | 괴물이 태어나기 전

아리스토텔레스 지음, 천병희 옮김, 『정치학』, 숲, 2009.

백종현, 『철학의 주요 개념 1 · 2』 중 '사회', 서울대학교 철학사상연구소, 2004.

야나부 아키라 지음, 김옥희 옮김, 『번역어의 성립』, 마음산책, 2011.

채이병, 「사회적 존재로서의 인간과 통치자의 필요성」, 『중세철학』 제12호, 2006.

W. D. 로스 지음, 김진성 옮김, 『아리스토텔레스 그의 저술과 사상에 관한 총설』, 누멘, 2012.

Hannah Arendt, *The Human Condition*, University of Chicago Press, 1998.

2장 | 괴물의 탄생

토머스 홉스 지음, 진석용 옮김, 『라비이어던 1』, 나남, 2008.

레오 스트라우스/조셉 크라시 엮음, 이동수 외 옮김, 『서양정치철학사 Ⅱ』, 인간사랑, 2007.

C. B. 맥퍼슨, 『홉스와 로크의 사회철학 – 소유적 개인주의의 정치이론』, 박영사, 2002.

3장 | 인간의 자유를 지켜주는 괴물과 그 자유가 만들어낸 괴물

존 로크, 강정인/문지영 옮김, 『통치론』, 까치, 1996.

애덤 스미스, 김수행 옮김, 『국부론』, 비봉출판사, 2007.

볼테르, 송기형 옮김, 『관용론』, 한길사, 2001.

존 스튜어트 밀, 서병훈 옮김, 『자유론』, 책세상, 2005.

칼 마르크스, 강신준 옮김, 『자본』, 길, 2008.

아리스토텔레스, 이창우 외 옮김, 『니코마코스 윤리학』, 이제이북스, 2006.

레오 스트라우스/조셉 크라시 엮음, 이동수 외 옮김, 『서양정치철학사 Ⅱ』, 인간사랑, 2007.

4장 | 인간의 자유를 억압하는 괴물에 맞서 싸우다 생겨난 괴물

장 자크 루소, 최석기 옮김, 『인간불평등기원론/사회계약론/고독한 산책자의 몽상』, 동서문화사, 2007.

장 자크 루소, 주경복 옮김, 『인간 불평등 기원론』, 책세상, 2003.

장 자크 루소, 이환 옮김, 『사회계약론』, 서울대학교 출판부, 1999.

리오 담로시, 이용철 옮김, 『루소: 인간 불평등의 발견자』, 교양인, 2011.

장 마생, 양희영 옮김, 『로베스피에르, 혁명의 탄생』, 교양인, 2005.

박호성, 「루소의 자연개념 – ‘비판적’ 자연과 ‘창조적’ 자연」, 『한국정치학회보』 27집 2호.

칼 마르크스, 최인호 외 옮김, 「1844년의 경제학 철학 초고」, 「독일 이데올로기」, 「공산주의당 선언」, 「정치경제학 비판을 위하여. 서문」, 『칼 마르크스 프리드리히 엥겔스 저작선집』(전 6권), 박종철출판사, 1997.

칼 마르크스, 강신준 옮김, 『자본 Ⅰ-1』, 길, 2008.

레셰크 코와코프스키, 변상출 옮김, 『마르크스주의의 주요 흐름 1』, 유로서적, 2007.

Max Stirner, *Der Einzige und sein Eigentum*, Verlag der Mackay-Gesellschaft, 1986.

5장 | 문화의 부상과 괴물의 여러 얼굴들

에밀 뒤르켐, 황보종우 옮김, 『자살론』, 청하, 2008.

에밀 뒤르켐, 윤병철 외 옮김, 『사회학적 방법의 규칙들』, 새물결, 2001.

막스 베버, 김덕영 옮김, 『프로테스탄티즘의 윤리와 자본주의 정신』, 도서출판 길, 2010.

막스 베버, 전성우 옮김, 『직업으로서의 학문』, 나남출판, 2006.

김광기, 「뒤르케임 경구의 재해석」, 『사회 이론』 2008 가을/겨울.

하일민, 『시민사회의 철학』, 한길사, 1995.

칼 보그, 강문구 옮김, 『다시 그람시에게로』, 한울, 1991.

앤서니 기든스, 황명주 외 옮김, 『사회구성론』, 간디서원, 2006.

6장 | 사회라는 괴물에 맞서 정치라는 인간 공동세계를 회복하자

한나 아렌트, 홍원표 옮김, 『혁명론』, 한길사, 2004.

마이클 샌델, 안규남 옮김, 『민주주의의 불만』, 동녘, 2012.

김은희, 「샌델의 시민적 공화주의는 '민주주의의 불만'을 해소할 수 있는가?,
『철학사상』 제45호, 2012.

Hannah Arendt, *The Human Condition*, The University of Chicago Press,
1998.

7장 | 괴물이 우리의 생활세계를 식민지화하는 것을 막아내자

막스 호르크하이머 & 테오도르 아도르노, 김유동 옮김, 『계몽의 변증법』, 문학
과지성사, 2001.

막스 호르크하이머, 박구용 옮김, 『도구적 이성 비판』, 문예출판사, 2006.

위르겐 하버마스, 한승완 옮김, 『공론장의 구조변동』, 나남, 2001.

위르겐 하버마스, 장춘익 옮김, 『의사소통행위이론』 1권과 2권, 나남, 2006.

Jürgen Habermas, *Faktizität und Geltung, Suhrkamp,* 1992.

8장 | 괴물이 우리에게 부과한 한계를 분석하고 가능한 위반을 시도하자

미셸 푸코, 이규현 옮김, 『말과 사물』, 민음사, 2012.

미셸 푸코, 오생근 옮김, 『감시와 처벌: 감옥의 역사』, 나남출판, 2003.

미셸 푸코, 이규현 옮김, 『성의 역사 1: 앎의 의지』, 나남출판, 2004.

미셸 푸코, 신은영 · 문경자 옮김, 『성의 역사 2: 쾌락의 활용』, 나남출판, 2004.

미셸 푸코, 이혜숙 · 이영목 옮김, 『성의 역사 3: 자기배려』, 나남출판, 2004.

허경, 「미셸 푸코의 '근대'와 '계몽'」, 서양근대철학회, 『근대철학』 제5권, 2010.

심재원, 「미셸 푸꼬와 헬레니즘」, 『해석학연구』 제22집, 2008.

Michel Foucault, "What is Enlightenment?", *The Foucault Reader*, Vintage
Books, 1984.

9장 | 괴물은 기능적으로 분화된 괴물이고 나는 나일 뿐이다. 그런데…

니클라스 루만, 정성훈 외 옮김, 『열정으로서의 사랑』, 새물결, 2009.

니클라스 루만, 장춘익 옮김, 『사회의 사회』, 새물결, 2014(초판은 2012).

게오르그 크네어, 아민 낫세이, 정성훈 옮김, 『니클라스 루만으로의 초대』, 갈무리, 2008.

장춘익, 「도덕의 반성이론으로서의 윤리학: 루만의 도덕이론에 대하여」, 『사회와 철학』 제24호, 2012.

정성훈, 「루만과 하버마스의 대립구도에 관한 하나의 이해」, 『진보평론』, 2009 여름.

정성훈, 「사랑 이후 혹은 현대 이후의 힘겨움」, 『문학과사회』, 96호, 2011 겨울.

정성훈, 「형이상학 이후의 인권이론 모색」, 『도시 인간 인권』, 라움, 2013.

정성훈, 「사회의 분화된 합리성과 개인의 유일무이한 비합리성」, 『도시 인간 인권』, 라움, 2013.

정성훈, 「매체와 코드로서의 사랑, 그리고 사랑 이후의 도시」, 『인간 · 환경 · 미래』, 12호, 2014.

Niklas Luhmann, *Soziale Systeme*, Suhrkamp, 1984. (영역판 제목은 Social Systems)

Niklas Luhmann, *Das Recht der Gesellschaft*, Suhrkamp, 1993; 니클라스 루만, 윤재왕 옮김, 『사회의 법』, 새물결, 2014.

10장 | 짐승, 사람, 괴물

홍상수 감독 영화, 《생활의 발견》, 2002.

이마무라 쇼헤이 감독 영화, 《나라야마 부시코》, 1982.

마가레테 폰 트로타 감독 영화, 《한나 아렌트》, 2012.

한나 아렌트, 김선욱 옮김, 『예루살렘의 아이히만』, 한길사, 2006.

플라톤, 박종현 역주, 『국가』, 서광사, 1997.

정성훈, 「사회의 분화된 합리성과 개인의 유일무이한 비합리성」, 『도시 인간 인권』, 라움, 2013.

1 영화잡지인 『씨네21』 2006년 8월호에 실린 허문영의 평론, 「끝까지 둔해빠진 새끼들은 누구인가? 내가 보는 것을 당신도 보고 있는가라고 묻는 영화《괴물》」은 이 보지 못함의 문제를 집중적으로 다루고 있다.

2 허문영의 평론이 이것을 잘 지적하고 있다.

3 아리스토텔레스, 『정치학』, 20쪽

4 Hannah Arendt, The Human Condition, 38쪽.

5 W. D. 로스 지음, 김진성 옮김, 『아리스토텔레스 그의 저술과 사상에 관한 총설』, 300쪽.

6 아리스토텔레스 지음, 천병희 옮김, 『정치학』, 15쪽; 1252a4. 한국어 번역본의 쪽수를 표시해놓긴 했지만 인용문들은 원문, 영어판 등을 참조해 필자가 수정한 번역이다. 이 책에서 앞으로도 인용될 여러 고전들은 한국어 번역본이 있는 경우 대부분 그 쪽수를 표시하지만 인용할 때는 그 문구를 수정하여 사용한다.

7 같은 책, 20쪽; 1252b27.

8 같은 책, 20쪽; 1253a2.

9 Niklas Luhmann, "Moderne Systemtheorien als Form gesamtgesell-schaftlicher Analyse", N. Luhmann/J. Habermas, Theorie der Gesellschaft oder Sozialtechnologie – Was leistet die Systemforschung?, 7쪽 이하를 보라. Niklas Luhmann, Die Gesellschaft der Gesellshaft, 78쪽 이하도 참고하라.

10 같은 책, 20쪽; 1252b30.

11 W. D. 로스, 『아리스토텔레스 그의 저술과 사상에 관한 총설』, 299쪽.

12 Thomas Aquinas, De Regimine Principum ad Regem Cypri, nn 741. 채

이병, 「사회적 존재로서의 인간과 통치자의 필요성」, 『중세철학』 제12호에 실린 원문과 번역문을 참조함.

13 채이병, 「사회적 존재로서의 인간과 통치자의 필요성」, 『중세철학』 제12호, 183쪽 각주 3) 참조.

14 같은 책, nn 744.

15 토머스 홉스, 『리바이어던 1』, 21쪽

16 홉스 직전인 17세기 초의 법철학자이며 근대 자연법 사상에 큰 영향을 미친 그로티우스조차 아리스토텔레스와 아퀴나스의 전통을 따라 이렇게 말하고 있다. 레오 스트라우스, 조셉 크라시 지음, 『서양정치철학사 Ⅱ』, 138쪽 참조.

17 토머스 홉스 지음, 진석용 옮김, 『리바이어던 1』, 나남, 29쪽.

18 같은 책, 47쪽.

19 토머스 홉스 지음, 진석용 옮김, 『리바이어던 1』, 76쪽.

20 같은 책, 168쪽.

21 같은 책, 169쪽.

22 같은 책, 171쪽.

23 같은 책, 174쪽.

24 같은 책, 175쪽.

25 같은 책, 176~177쪽.

26 같은 책, 177쪽.

27 같은 책, 227쪽.

28 C. B. 맥퍼슨 지음, 『홉스와 로크의 사회철학 – 소유적 개인주의의 정치이론』 참조.

29 토머스 홉스, 『리바이어던 1』, 21쪽.

30 같은 책, 22쪽.

31 사회철학의 기본문제를 개인과 사회의 관계로 보는 견해는 Axel Honneth, Pathologien des Sozialen. Die Aufgaben der Sozialphilosophie, 18쪽; Detlef Horster, Sozialphilosophie, 86~87쪽 등을 보라.

32 토머스 홉스, 『리바이어던 1』, 235쪽.

33 레오 스트라우스/조셉 크라시 엮음, 『서양정치철학사 Ⅱ』, 185~189쪽 참조.

34 존 로크, 『통치론』, §123. 한글 번역본의 제목은 '통치론'인데, 원제목은 Two

Treatises of Government이며, 주로 논의되는 것은 Second Treatises of Government이다. 그래서 한국어로 된 정치사상 문헌들에서 이 책은 '통치론', '정부론', '시민정부 제2론', '정부에 관한 두 논고' 등 여러 가지 제목으로 번역되고 있다.

35 애덤 스미스, 『국부론』, 17쪽

36 존 로크, 『통치론』, §90.

37 같은 책, §6.

38 같은 책, §123.

39 같은 책, §87.

40 같은 책, §27.

41 같은 책, §27.

42 같은 책, §31.

43 같은 책, §28.

44 애덤 스미스, 『국부론』, 16~20쪽 참조.

45 아리스토텔레스, 『니코마코스 윤리학』, 제8권 참조.

46 K. Marx, Das Kapital, MEW 23권, 16쪽; 강신준 옮김, 『자본 Ⅰ-1』, 47쪽.

47 『공산당 선언』이 이런 메시지를 담고 있다.

48 G. W. F. Hegel, Grundlinien der Philosophie des Rechts, §189.

49 존 로크의 『관용에 관한 편지』(1689), 볼테르의 『관용론』(1763), 존 스튜어트 밀의 『자유론』(1859).

50 한국에서 진보적 자유주의에 관한 논의로는 박동천 외 지음, 『자유주의는 진보적일 수 있는가』, 폴리테이아 참조.

51 존 스튜어트 밀, 『자유론』, 30~31쪽.

52 장 자크 루소, 『인간 불평등 기원론』, 제2부 첫 구절.

53 칼 마르크스, 「공산주의당 선언」, 『칼 마르크스 프리드리히 엥겔스 저작선집』, 421쪽과 433쪽.

54 장 자크 루소, 주경복 옮김, 『인간 불평등 기원론』, 책세상, 56쪽; 최석기 옮김, 『인간불평등기원론/사회계약론/고독한 산책자의 몽상』, 동서문화사, 40쪽.

55 주경복 옮김, 『인간 불평등 기원론』, 책세상, 38쪽; 최석기 옮김, 『인간불평등기원론/사회계약론/고독한 산책자의 몽상』, 동서문화사, 27~28쪽.

56 주경복 옮김, 92쪽; 최석기 옮김, 63쪽.

57 장 자크 루소, 최석기 옮김, 『인간불평등기원론/사회계약론/고독한 산책자의 몽상』, 동서문화사, 157쪽; 이환 옮김, 『사회계약론』, 서울대학교 출판부, 5쪽.

58 최석기 옮김, 167쪽; 이환 옮김, 18쪽.

59 최석기 옮김, 168쪽; 이환 옮김, 19쪽.

60 최석기 옮김, 169쪽; 이환 옮김, 20쪽.

61 최석기 옮김, 169쪽; 이환 옮김, 21쪽.

62 최석기 옮김, 171쪽; 이환 옮김, 24쪽.

63 최석기 옮김, 172쪽; 이환 옮김, 25쪽.

64 최석기 옮김, 173쪽; 이환 옮김, 26쪽.

65 이사야 벌린, 박동천 옮김, 「자유의 두 개념」, 『자유론』, 아카넷, 2006.

66 이 시를 가사로 한 안치환의 『자유』라는 노래도 있다.

67 최석기 옮김, 176쪽; 이환 옮김, 30쪽.

68 로베스피에르의 생애와 프랑스 혁명의 전개 과정에 관해서는 장 마생, 양희영 옮김, 『로베스피에르, 혁명의 탄생』을 참고하라.

69 『칼 마르크스 프리드리히 엥겔스 저작선집 1권』, 78~80쪽.

70 Max Stirner, Der Einzige und sein Eigentum, Verlag der Mackay-Gesellschaft, 1986, 305쪽.

71 칼 마르크스, 강신준 옮김, 『자본 Ⅰ-1』, 길, 2008, 47쪽.

72 에밀 뒤르켐, 『사회학적 방법의 규칙들』, 53~54쪽

73 막스 베버, 『프로테스탄티즘의 윤리와 자본주의 정신』, 365~367쪽.

74 숙명적 자살은 각주에서만 언급된다. 에밀 뒤르켐, 황보종우 옮김, 『자살론』, 제5장 각주 25, 548쪽.

75 같은 책, 323쪽.

76 에밀 뒤르켐, 윤병철 외 옮김, 『사회학적 방법의 규칙들』, 69쪽.

77 같은 책, 54쪽.

78 뒤르켐의 경구에서 '사물', '힘', '외재성' 등에 대한 올바른 이해를 시도한 논문인 김광기, 「뒤르케임 경구의 재해석」, 『사회 이론』 2008 가을/겨울 참조.

79 막스 베버, 김덕영 옮김, 『프로테스탄티즘의 윤리와 자본주의 정신』, 27쪽.

80 같은 책, 138쪽.

81 같은 책, 27쪽.

82 같은 책, 59쪽.

83 막스 베버, 김덕영 옮김, 『프로테스탄티즘의 윤리와 자본주의 정신』, 248쪽.

84 같은 책, 342쪽.

85 같은 책, 365~366쪽.

86 막스 베버, 전성우 옮김, 『직업으로서의 학문』, 44쪽.

87 같은 책, 67쪽.

88 칼 보그, 강문구 옮김, 『다시 그람시에게로』, 50쪽.

89 Hannah Arendt, The Human Condition, 7~8쪽.

90 마이클 샌델, 『민주주의의 불만』, 453쪽.

91 Hannah Arendt, The Human Condition, 61쪽.

92 같은 책, 38쪽.

93 같은 책, 38~39쪽.

94 같은 책, 50쪽.

95 같은 책, 52쪽.

96 노동, 작업, 행위에 대한 아렌트의 정의는 같은 책, 7~9쪽을 보라.

97 같은 책, 248쪽 이하를 보라.

98 같은 책, 23쪽.

99 한나 아렌트, 『혁명론』, 136쪽.

100 같은 책, 146쪽.

101 같은 책, 176쪽.

102 같은 책, 349쪽.

103 같은 책, 149쪽.

104 같은 책, 353쪽.

105 같은 책, 413쪽.

106 같은 책, 409쪽.

107 마이클 샌델, 『민주주의의 불만』, 44쪽.

108 같은 책, 45쪽.

109 마이클 샌델, 『민주주의의 불만』, 2장 참조.

110 같은 책, 425쪽.

111 같은 책, 456쪽.

112 같은 책, 458쪽.

113 위르겐 하버마스, 『의사소통행위이론』 2권, 247쪽.

114 하버마스가 자신의 교수자격논문을 수정해 1961년에 출판한 저작이 『공론장의 구조변동 - 부르주아 사회의 한 범주에 관한 연구』이다.

115 위르겐 하버마스, 『공론장의 구조변동』, 69쪽.

116 같은 책, 127쪽.

117 같은 책, 107쪽.

118 같은 책, 245~246쪽.

119 같은 책, 268쪽 이하.

120 J. Habermas, Zur Rekonstruktion des Historischen Materialismus, Suhrkamp, 1976.

121 위르겐 하버마스, 『의사소통행위이론』 1권, 152쪽 이하.

122 위르겐 하버마스, 『의사소통행위이론』 2권, 197쪽.

123 같은 책, 241~243쪽.

124 공론장과 시민사회에 관한 하버마스의 서술은 Jürgen Habermas, Faktizität und Geltung, 8장 3절에 나오는 것이다.

125 Michel Foucault, "What is Enlightenment?", The Foucault Reader, 43쪽.

126 Michel Foucault, "What is Enlightenment?", The Foucault Reader, 49쪽.

127 Michel Foucault, "What is Enlightenment?", The Foucault Reader, 46쪽.

128 미셸 푸코, 『지식의 고고학』, 27쪽.

129 Michel Foucault, "What is Enlightenment?", The Foucault Reader, 46쪽.

130 허경, 「미셸 푸코의 '근대'와 '계몽'」, 서양근대철학회, 『근대철학』 제5권, 12쪽 참조.

131 미셸 푸코, 『말과 사물』, 87쪽.

132 같은 책, 89쪽.

133 같은 책, 97쪽.

134 같은 책, 21쪽.

135 같은 책, 525쪽.

136 같은 책, 526쪽.

137 미셸 푸코, 『감시와 처벌』, 206쪽.

138 미셸 푸코, 『성의 역사 1: 앎의 의지』, 32쪽.

139 미셸 푸코, 『성의 역사 2: 쾌락의 활용』, 97쪽.

140 미셸 푸코, 『성의 역사 3: 자기배려』, 269~270쪽.

141 미셸 푸코, 『성의 역사 2: 쾌락의 활용』, 113쪽.

142 심재원, 「미셸 푸꼬의 헬레니즘」, 『해석학연구』 제22집 참조.

143 Niklas Luhmann, Soziale Systeme, 288~289쪽.

144 N. Luhmann, Soziale Systeme, 555쪽.

145 N. Luhmann, Soziale Systeme, 16쪽에 나오는 표에 생명 체계들을 다시 분류한 내용을 추가하였다. 루만은 상호작용들, 조직들, 사회들과 구별되는 사회적 체계들인 저항운동, 가족 등에 대해서도 논문을 쓴 바 있는데, 그밖에도 더 많이 있을 수 있기 때문에 이 표에는 집어넣지 않았다.

146 니클라스 루만, 장춘익 옮김, 『사회의 사회』, 131(133)쪽. 쪽수는 2014년에 소프트커버로 다시 나온 개역본의 쪽수이며, 괄호안의 쪽수는 2012년에 나온 하드커버 초역본의 쪽수이다.

147 이 사례에서 창발하는 사회적 체계는 관여자들의 참석에 의해 성립하는 '상호작용(interaction)'이며, 이 체계의 자기생산이 지속된다면 '사랑'이라는 친밀관계로 발전할 수 있을 것이다.

148 루만은 이것을 "순수한 이중적 우연성"이 "구조화된 이중적 우연성"으로 바뀐다고 표현한다. 이중의 우연성과 기대 구조 형성에 관해서는 N. Luhmann, Soziale Systeme, 148쪽 이하를 보라.

149 같은 책, 40쪽.

150 『열정으로서의 사랑』에 대한 개괄적 소개와 오늘날 문제가 되어버린 사랑에 관해서는 정성훈, 「사랑 이후 혹은 현대 이후의 힘겨움」, 『문학과사회』, 96호, 2011 겨울; 정성훈, 「매체와 코드로서의 사랑, 그리고 사랑 이후의 도시」, 『인간 · 환경 · 미래』, 12호, 2014 참조.

151 니클라스 루만, 장춘익 옮김, 『사회의 사회』, 373(375)쪽.

152 루만의 도덕사회학과 윤리학에 관해서는 장춘익, 「도덕의 반성이론으로서의 윤리학: 루만의 도덕이론에 대하여」, 『사회와 철학』 제24호.

153 N. Luhmann, Das Recht der Gesellschaft, 115쪽~116쪽; 니클라스 루만,

『사회의 법』, 162~163쪽.

154 루만의 인권이론에 관해서는 정성훈, 「형이상학 이후의 인권이론 모색」, 『도시 인간 인권』, 라움.

155 N. Luhmann, Das Recht der Gesellschaft, 582쪽; 니클라스 루만, 『사회의 법』, 763쪽.

156 니클라스 루만, 『사회의 사회』, 1294(1294)쪽.

157 니클라스 루만, 『사회의 사회』, 733(733)쪽.

158 한나 아렌트, 『예루살렘의 아이히만』, 343쪽.

159 같은 책, 349쪽.

160 같은 책, 391쪽.

161 Detlef Horster, Sozialphilosophie, Reclam, 50쪽.

162 위의 책, 51쪽.

※ 후주에서 언급한 책의 더 자세한 서지사항에 관해서는 참고문헌을 보라.

지은이 정성훈

서울대학교 철학과를 졸업하고 동대학원에서 서양철학 박사학위를 받았다. 연구 분야는 니클라스 루만과 사회철학
이며, 도시 공간과 사랑 등으로 그 범위를 확장하고 있다. 고려대학교법학연구원 연구교수 및 서울시립대학교 도시
인문학연구소 HK연구교수를 역임했으며, 현재 서울대학교 철학과와 서울과학기술대학교에서 학생들을 가르치고
있다. 지은 책으로 『도시 인간 인권』(2013년)이 있고, 옮긴 책으로는 『니클라스 루만으로의 초대』(2008년), 『열정으
로서의 사랑』(2009년) 등이 있다.

괴물과 함께 살기

아리스토텔레스에서 루만까지 한 권으로 읽는 사회철학

발행일   2015년 9월 20일 (초판 1쇄)
           2017년 2월 20일 (초판 3쇄)

지은이   정성훈
펴낸이   이지열
펴낸곳   미지북스
           서울시 마포구 성암로 15길 46(상암동 2-120번지) 201호
           우편번호 121-830
           전화 070-7533-1848   팩스 02-713-1848
           mizibooks@naver.com
           출판 등록 2008년 2월 13일 제313-2008-000029호

책임 편집   이지열
출력   상지출력센터
인쇄   한영문화사

ISBN   978-89-94142-44-9 03100
값   15,000원

• http://mizibooks.tistory.com
• 트위터 http://twitter.com/mizibooks
• 페이스북 http://facebook.com/pub.mizibooks